반려동물 보호를 위한 AI 기술 활용

반려동물 보호를 위한 AI 기술 활용

발행일 | 2024년 12월 31일

지은이 | 이현우, 최서영

펴낸곳 | 도서출판 시와 이야기

주 소 | 서울특별시 중구 마른내로 8길 14 3층 (인현동 2가)

전 화 | 010-8947-2462

Email | heir201933@gmail.com

ISBN 979-11-93520-18-5

이책의 판매 공급처 | 도서출판 시와 이야기

· 이 책의 내용은 저작권법에 따라 보호받고 있습니다.

반려동물 보호를 위한 AI 기술 활용

이현우 교수
최서영 작가

작가의 말

 이 책은 반려동물과 인간이 함께 살아가는 사회에서 동물복지의 중요성을 깊이 있게 조명하고자 한다. 현대 사회에서 반려동물은 단순한 애완동물을 넘어서 가족의 일원으로 자리 잡았다. 이에 따라 동물복지는 더 이상 선택이 아닌 필수적 가치로 인식되고 있다.
반려동물의 건강과 행복, 존엄을 지키는 일은 우리 사회가 책임져야 할 중요한 과제이다. 동물복지는 단순히 동물을 보호하는 차원을 넘어, 생명에 대한 존중과 책임의식을 요구한다. 반려동물이 자신의 삶을 온전히 누릴 수 있도록 하는 환경을 만드는 일은 인간과 동물이 조화롭게 공존하는 사회를 위한 출발점이다. 이 글에서는 현재 우리 사회가 직면한 유기동물 문제, 비윤리적 번식, 동물 학대 등 다양한 과제를 살펴보고, 이를 해결하기 위한 법적·제도적 개선과 사회적 인식 전환의 필요성을 강조한다.
또한, 반려동물을 가족으로 받아들이는 문화가 확산되면서, 동물복지는 개인의 책임을 넘어 사회 전체의 문제로 확장되었다.

동물복지는 단순히 동물을 보호하는 차원을 넘어, 생명에 대한 존중과 책임의식을 요구한다. 반려동물이 자신의 삶을 온전히 누릴 수 있도록 하는 환경을 만드는 일은 인간과 동물이 조화롭게 공존하는 사회를 위한 출발점이다. 이 글에서는 현재 우리 사회가 직면한 유기동물 문제, 비윤리적 번식, 동물 학대 등 다양한 과제를 살펴보고, 이를 해결하기 위한 법적·제도적 개선과 사회적 인식 전환의 필요성을 강조한다. 또한, 반려동물을 가족으로 받아들이는 문화가 확산되면서, 동물복지는 개인의 책임을 넘어 사회 전체의 문제로 확장되었다. 반려동물의 삶과 죽음에 대한 책임 있는 태도, 그리고 윤리적 선택은 우리 모두가 함께 고민해야 할 가치이다. 동물복지의 실현은 결국 인간 사회의 성숙함을 보여주는 척도이며, 생명을 존중하는 사회로 나아가는 길임을 잊지 말아야 한다.

  이 글이 많은 이들에게 동물복지에 대한 관심과 실천을 촉구하는 계기가 되길 바란다. 우리가 함께 만들어가는 세상에서 모든 생명이 존중받고, 반려동물과 사람이 더불어 행복할 수 있기를 진심으로 소망한다.

2024년 12월
최서영

작가의 말

  이 글은 최서영 작가와 함께 "반려동물 보호를 위한 AI 기술 활용"을 주제로 반려동물 보호와 생명 존중의 가치를 다룬 작품으로, 동물과 인간의 공존에 대한 깊이 있는 논의를 제시 한다. 반려동물은 오늘날 단순한 애완동물을 넘어, 가족 구 성원의 일원으로 자리 잡고 있다.

  이러한 시대적 흐름 속에서 이 책은 반려동물의 법적 지위와 생명 존중 교육, 그리고 안락사 문제 등 다양한 주제를 면 밀히 다루며, 동물 보호에 대한 새로운 패러다임을 제안한다. 이 책은 동물과 인간이 조화롭게 공존하기 위해 우리가 갖추어야 할 법적, 제도적 기반을 체계적으로 분석하며, 생명 존중의 가치를 더 널리 확산시키고자 한다.

2024년 12월
이현우

생명 존중과 반려동물의 의미

반려동물 1,500만 시대가 도래하여 이제는 반려동물은 우리 사회의 일상 깊숙이 자리 잡고있다. 이 책은 '반려동물 생명 존중의 가치'라는 주제를 통해서 반려동물을 단순한 소유물이 아닌 하나의 생명체로 바라보는 시각을 제시하고자 한다. 이는 반려동물의 생명과 존엄을 지키는 것이 우리 사회가 추구해야 할 핵심 가치임을 전달한다.

반려동물의 탄생부터 성장, 죽음에 이르는 전 과정은 단순한 자연의 흐름이 아니라, 인간이 책임져야 할 윤리적 과제임을 강조한다. 반려동물이 살아가는 모든 순간에 그들의 존엄을 지키는 것은 보호자의 책임이다. 이는 생명을 존중하고 책임지는 일이 개인을 넘어서 사회 전체가 함께 나서야 할 중요한 과제임을 보여준다.

법적 현실과 제도적 개선의 필요성

현재 우리나라의 법 체계에서 반려동물은 여전히 '물건'으로 분류되고 있다. 이러한 법적 지위는 동물 학대나 유기와 같은 문제를 더욱 심화시키는 주요 원인으로 작용하고 있다. 이 책은 동물의 법적 지위를 재정립하는 일이 단순한 제도적 변화에 그치지 않는다. 사회 전반의 의식 수준을 변화시키는 중요한 과제임을 강조한다. 동물을 하나의 생명체로 인식해야 한다. 반려동물의 권리를 보장할 수 있는 법적 장치가 마련되지 않는 한, 동물 보호와 복지 문제는 근본적으로 해결될 수 없다는 점을 분명히 제시한다.

이러한 문제 해결을 위해 저자는 해외의 다양한 사례를 소개한다. 포르투갈, 스페인 등 유럽의 여러 국가는 이미 동물의 복지와 권리를 법적으로 보장하는 제도를 도입하여 운영하고있다. 이러한 사례들은 우리 사회가 참고할 수 있는 중요한 방향성을 제공한다.

이와 같이 국제적 비교를 통하여 동물 복지와 보호를 위한 법적 제도 개선이 우리 사회에서도 시급히 논의되어야 한다는 점을 설득력 있게 전달한다. 동물의 생명을 존중하고 보호하기 위한 법과 제도의 정비는 더 이상 미룰 수 없는 사회적 과제이다.

안락사 문제와 새로운 보호 패러다임

반려동물 안락사에 대한 윤리적 논의는 동물 복지 담론에서 피할 수 없는 중요한 주제이다. 많은 동물 보호소에서 선택하는 안락사가 과연 불가피한 결정인지, 아니면 제도의 한계에서 비롯된 결과인지를 면밀히 살펴볼 필요가 있다. 안락사를 대체할 수 있는 실질적인 방안이 존재하는지에 대한 논의도 함께 이루어져야 한다.

동물 보호소의 역할은 단순한 수용 공간을 넘어서 생명을 존중하고 보호할 수 있는 체계로 재정립될 필요가 있다. 제도적 보완을 통해 불필요한 안락사를 줄일 수 있는 구조를 마련하고, 생명을 끝까지 지켜낼 수 있는 현실적인 방법들이 모색되어야 한다.

생명 존중을 중심에 두는 새로운 동물 보호 패러다임은 반려동물의 삶을 보다 인간적인 시선으로 바라보는 계기를 제공한다. 동물 보호는 단지 관리와 규제의 문제가 아니라, 생명과 존엄을 대하는 사회적 태도의 변화를 요구하는 문제다. 동물을 위한 법적 기반의 강화와 더불어, 생명에 대한 인식 전환이 병행될 때 비로소 동물 복지 문제의 근본적인 해결이 가능하다. 이는 인간 중심의 사고를 넘어서, 다양한 생명체와 조화롭게 공존하는 사회를 만들기 위한 중요한 출발점이 된다.

생명 존중의 가치를 확산하기 위한 노력

이 책에서는 생명 존중 사회 실현을 위한 교육의 중요성을 강조했다. 특히, 청소년과 성인을 대상으로 한 생명 존중 교육 프로그램은 미래 세대가 생명의 소중함과 책임감을 자연스럽게 내면화하는 데 핵심적인 도움이 된다. 학교 현장에서의 동물 교육, 체험 중심 학습, 프로젝트 기반 교육은 반려동물 보호와 생명 존중의 가치를 사회 전반에 확산시키는 효과적인 방법으로 제시된다. 이러한 교육적 접근은 사회 구성원 모두가 생명에 대한 가치를 스스로 받아들이고 실천할 수 있는 기반이 되며, 생명에 대한 태도와 행동을 변화시키는 데 기여한다.

특히, 반려동물 보호와 생명 존중에 대한 새로운 비전을 제시한다. 동물과 인간이 조화롭게 공존하기 위해 왜 법적·제도적 기반이 필요한지를 구체적으로 짚어낸다. 단지 법적 지위의 변화에 머무르지 않고, 사회적 인식의 전환을 함께 요구하며 동물 복지에 대한 깊이 있는 성찰을 이끌어낸다. 반려동물을 사랑하는 이들은 물론, 동물 복지와 보호에 관심 있는 누구에게나 이 책은 생명에 대한 근본적인 질문을 던지는 계기가 될 수 있다.

인간 중심의 사고에서 벗어나 생명을 보다 포괄적으로 이해하려는 시도가 필요하다. 이 책은 우리 사회가 동물 보호에 있어 새로운 인식의 전환점을 맞이하게 하는 데 중요한 역할을 하게 될 것이다.

목차

작가의 말 4

Part 1　반려동물과 인간의 공존

반려동물 1500만 시대의 도래　　　　　　　　18
반려동물 1500만 시대 그 이면의 과제　　　　23
동물 학대와 생명존중 의식의 시험대　　　　　25
책임과 과제의 이중적 현실　　　　　　　　　26

Part 2　법적 현실과 문제점

반려동물의 법적지위와 사회적 인식 변화　　　32
유기 학대 문제와 법의 책임　　　　　　　　　45
반려동물 학대 처벌 강화　　　　　　　　　　60

Part 3

해외사례로 보는 동물의 법적지위변화

동물도 권리를 갖는다	72
프랑스 동물 법 개정의 그늘과 빛	89
스위스의 동물 복지법 강화	94
캐나다의 법적 지위 변화와 사회의 힘	106
영국이 가르쳐 준 동물 복지의 공식	114

반려동물 안락사의 현실과 필요성

반려동물의 질병과 고통 관리   129
안락사 대안으로서의 호스피스 케어   131
반려동물 안락사 이후의 절차와 사후 관리   139
반려동물 안락사에 대한 현재의 이해와 미래 전망   143

생명존중교육의 중요성

생명을 배우지 못하는 사회는 결국 파괴된다   151
동물을 배우지 못한 사회 생명을 다룰 자격이 없다   154

동물 보호의 새로운 지평

동물 보호의 새로운 지평	160
AI 기반 반려견 모니터링 시스템	168
AI주도 행동 분석	172
AI 강화 교육 프로그램	175
AI 기반 유기견 보호 및 재활용 시스템	188

부록 196

PART 1

반려동물과 인간의 공존

01
반려동물 1500만 시대의 도래

대한민국은 현재 '반려동물 1,500만 시대'에 진입하고 있다. 전체 가구의 약 25%가 반려동물을 가족으로 맞이하고 있다. 이것은 단순한 유행을 넘어 삶의 방식과 가치관의 변화를 상징하고 있다. 반려동물은 사람들의 정서적 안정과 심리적 치유에 기여하고 있다. 이와 함께 반려동물 산업은 눈부신 성장을 이루고 있다. 그러나, 이러한 확산 이면에는 유기동물 증가, 비윤리적 번식, 동물 학대 등의 사회 문제가 병존하고 있다. 반려동물과 함께하는 삶은 단순한 선택이 아니라 생명을 끝까지 책임지는 윤리적 실천이어야 한다.

반려동물을 키우는 일은 보호자의 지식, 시간, 경제적 준비를 전제로 하며 감정적 소비로 접근해서는 안 되는 문제이다. 진정한 반려동물 문화는 법과 제도의 정비를 넘어서, 생명을 존중하는 인식의 전환과 사회 전체의 책임의식에서 비롯되어야 한다. 이 서론은 반려동물을 가족으로 맞이한 이들이 감당해야 할 책임과 실천, 그리고 사회적 과제를 되새기며, 반려동물 1,500만 시대를 올바르게 맞이하기 위한 출발점을 제시하고자 한다.

반려동물 1500만 시대의 도래

대한민국은 현재 반려동물 1,500만 시대에 진입하였다. 이는 전체 가구의 약 25%가 반려동물을 기르고 있다는 의미다. 반려동물이 단순한 애완의 개념을 넘어 실질적인 가족 구성원으로 자리매김하고 있음을 시사한다.
반려동물은 보호자의 정서적 안정과 삶의 질 향상에 기여하며 가족 간의 유대감을 강화하는 중요한 역할을 수행하고 있다. 이러한 인구 증가는 개별적 취향이나 선택의 범위를 넘어서 사회 구조와 문화 전반의 변화를 반영하는 현상으로 분석된다.

이에 따라 반려동물 관련 산업 또한 급속히 성장하고 있다. 이는 하나의 경제 생태계로서 주목받고 있다. 펫숍, 동물병원, 애견 카페 등 서비스 산업뿐 아니라, 반려동물 전용 의류, 장난감, 식품 등 용품 시장 전반이 다각도로 확장되고 있다. 이러한 제품과 서비스는 점점 고급화 및 맞춤화 트렌드도 함께 빠른 성장을 이루고 있다. 이러한 산업적 변화는 반려동물이 단순한 취미의 대상이 아닌, 지속적인 투자와 관심이 필요한 동반자적 존재로 인식되고 있음을 보여준다.

이와 같은 흐름은 반려동물이 사회 내에서 하나의 인격적 존재로 인정받고 있다. 그리고, 인간과의 공존을 위한 제도적·문화적 기반이 요구되는 시점에 도달했음을 분명히 시사하고 있다.

반려동물의 삶과 죽음, 인간의 책임과 역할

 반려동물을 기르는 일은 단순한 즐거움이나 정서적 만족에 그치지 않는다. 그것은 생명을 돌보는 일로서 깊은 책임과 지속적인 헌신을 필요로 한다. 반려동물의 삶은 인간의 돌봄과 긴밀하게 연결되어 있다. 건강과 행복은 전적으로 보호자의 역할에 달려 있다. 식습관, 건강관리, 운동 등 일상 전반에 걸친 세심한 관심과 꾸준한 관리는 필수적이다.
더 나아가, 생의 마지막 순간까지 반려동물의 안락함과 존엄성을 지키는 것 역시 보호자의 중요한 책무다. 따라서 반려동물을 맞이하기에 앞서, 그들의 삶을 끝까지 책임질 준비가 되어 있는지를 진지하게 성찰하는 과정이 필요하다.

 반려동물의 선택은 단순한 외모나 순간적인 감정에 따른 충동적 결정이 되어서는 안 된다. 각 개체가 지닌 고유한 성격과 기질을 충분히 이해한 뒤 신중하게 이루어져야 한다.

특히, 견종에 따라 에너지 수준, 사회성, 돌봄에 필요한 시간과 자원이 크게 달라진다. 보호자의 생활 방식과의 적절한 조화는 반려동물의 복지에 직접적인 영향을 미친다. 이러한 요소를 간과할 경우에 반려동물은 정서적·신체적 건강에 위협을 받을 수 있다. 보호자 또한 삶의 질 저하와 과도한 부담을 겪게 될 가능성이 크다. 반려동물을 돌보는 일은 책임감 있는 선택을 전제로 해야 한다. 이는 생명에 대한 존중을 실천하고 인간과 반려동물이 지속적으로 공존할 수 있는 건강한 관계의 출발점이 되어야 한다.

02

반려동물 1,500만 시대, 그 이면의 과제

 우리 사회는 현재 '반려동물 1,500만 시대'에 접어들었다. 반려동물은 단순한 애완의 개념을 넘어, 이제 가족 구성원의 일원으로 인식되고 있다. 반려동물 관련 산업 또한 급속도로 빠른 성장을 하고 있다. 그러나, 이러한 확산이 반드시 긍정적인 결과만을 가져오는 것은 아니다. 유기동물의 증가, 비윤리적인 번식, 동물 학대 등 심각한 사회 문제가 함께 대두되고 있다.
 이는 제도적 보완과 더불어 시민 인식의 근본적 전환 없이는 해결되기 어렵다. 농림축산검역본부에 따르면 매년 10만 마리 이상의 반려동물이 유기되고 있다. 유기의 원인은 다양하지만, 공통적으로는 입양 전 충분한 책임 인식의 결여에서 비롯된다.

 첫째, 충동적인 입양 결정은 유기의 주요 원인 중 하나로 지적된다.

반려동물이 성장하면서 나타나는 성격의 변화나 체격의 변화 등에 적응하지 못하고 돌봄을 포기하는 사례가 빈번하게 발생하고 있다. 둘째, 경제적·시간적 부담을 감당하지 못해 결국 유기로 이어지는 경우도 많다.

반려동물은 단순한 취미나 감정적 위안을 위한 존재가 아니다. 생명을 지닌 독립된 존재이며 지속적이고 체계적인 돌봄이 요구된다. 따라서 반려동물을 입양하기 전에는 장기적인 책임과 관리에 대한 충분한 인식과 준비가 반드시 선행되어야 한다. 이는 생명을 존중하는 사회로 나아가기 위한 기본적인 윤리적 전제이다. 반려동물 산업의 급속한 성장 이면에는 '비윤리적 번식'이라는 구조적인 문제가 자리하고있다. 일부 상업적 번식업체는 이윤 극대화를 목적으로, 동물의 복지와 건강을 고려하지 않은 채 열악한 환경에서 대량 번식을 진행하고 있다. 비위생적인 사육 조건, 강제 교배, 그리고 유전적 결함을 지닌 개체의 반복적 출산 등은 동물의 생명권을 심각하게 침해하는 행위로 간주된다.

이러한 환경에서 태어난 반려동물은 건강 문제와 함께 적절한 돌봄을 받지 못하고, 유기되는 악순환의 고리에 빠질 가능성이 매우 높다. 이와 같은 문제를 해결하기 위해서는 생산에서 유통, 소비에 이르기까지 전 과정에 걸친 제도적 개입과 관리, 그리고 사회 전반의 책임의식 강화가 시급히 요구된다. 윤리적 번식 기준 마련, 엄격한 등록 및 관리 체계, 소비자 교육 등 다각적인 접근이 병행되어야 할 시점이다.

03

동물 학대와 생명 존중 의식의 시험대

반려동물 인구가 증가함에 따라 동물 학대 사건도 빈번해지고 있다. 이는 단순한 사건 사고를 넘어서 우리 사회의 도덕성과 윤리 수준이 시험대에 오른 문제다. 동물 학대는 물리적 폭력뿐 아니라, 방치, 무관심, 부적절한 사육 환경 등 비가시적인 형태로도 이루어진다. 이러한 행위는 반려동물의 고통을 초래할 뿐만 아니라, 사회 전반의 생명 존중 의식을 약화시키고, 궁극적으로 인간 중심의 가치 체계에 균열을 가져올 수 있다.

동물을 여전히 '물건'처럼 취급하는 인식이 개선되지 않는 한, 인간과 반려동물이 조화롭게 공존하는 사회는 요원할 것이다. 이제는 법과 제도의 정비를 넘어, 사회 전체의 인식과 문화가 함께 변화해야 한다.

04
반려동물 1,500만 시대, 책임과 과제의 이중적 현실

   대한민국은 이제 '반려동물 1,500만 시대'에 돌입했다. 이는 전체 가구의 4분의 1이 반려동물과 함께 살고 있다는 의미이며, '애완'에서 '가족'으로의 문화적 전환이 본격화되고 있음을 보여준다. 반려동물 산업은 전례 없는 속도로 성장하고 있으며, 다양한 서비스와 제품이 출시되며 새로운 경제 생태계를 형성하고 있다. 그러나 이러한 긍정적 흐름 뒤편에는 유기동물 증가, 비윤리적 번식, 동물 학대와 같은 어두운 현실이 병존하고 있다는 점에서 우리는 '1,500만 시대'를 단순한 양적 팽창으로만 받아들여선 안 된다.

   반려동물 문화의 확산은 제도적, 윤리적 기반 위에 구축되어야 한다. 정부와 지자체는 동물보호법과 반려동물 등록제의 실효성을 높이고, 유기동물 입양 촉진과 번식업 규제를 위한 법적 장치를 정비해야 한다.

하지만 법만으로는 충분하지 않다. 입양 전 교육, 생명존중 윤리교육 등 시민의식 개선을 위한 사회적 투자와 노력이 병행되어야 한다. 반려동물을 단지 귀엽고 사랑스러운 존재로만 여기는 감정적 소비는 이제 그만두어야 한다.

반려동물은 보호자와 정서적 유대를 맺고, 심리적 안정과 정서 치유에 실질적 영향을 미치는 존재다. 보호자가 느끼는 기쁨과 위로는 일방향적이 아니다. 이들이 느끼는 외로움, 불안, 고통 또한 우리의 책임이다. 정서적 치유자이자 삶의 동반자로서 반려동물을 대할 때, 우리는 비로소 인간 중심의 시각에서 벗어나 생명 중심의 문명으로 진입하게 된다. 반려동물과의 삶은 입양 그 순간부터 '생명에 대한 책임'이라는 본질적 과제를 동반한다. 이 책임은 사료를 주고 산책을 시키는 일상의 돌봄을 넘어선다. 정기적인 건강 검진, 예방접종, 사회화 훈련, 올바른 식단 제공, 정서적 안정 확보 등 보호자의 역할은 포괄적이다.

특히 실내 생활이 주가 되는 현대 반려동물의 경우, 신체적·정신적 건강을 위한 놀이와 운동은 필수다. 이는 단순한 사육이 아닌, 교감과 존중의 실천이다. 반려동물의 죽음 또한 우리의 몫이다. 마지막까지 그들의 고통을 줄이고 존엄한 생의 마감을 돕는 것, 때로는 안락사라는 고통스러운 결정을 내려야 하는 것도 모두 생명에 대한 성숙한 책임의 일부다. 그 순간에 우리가 보여야 할 것은 연민이 아니라, 끝까지 함께하는 사랑이다.

반려동물과의 공존은 사회의 윤리적 수준을 반영하는 거울이다. 유기동물 입양은 한 생명을 살리는 따뜻한 선택이자, 사회의 책임을 함께 나누는 윤리적 실천이다. 지금도 수많은 반려동물들이 보호소에서 가족을 기다리고 있다. 이들을 입양하는 일은 단지 개인의 만족을 넘어서, 산업의 성장과 문화의 확산 이면에는 반드시 윤리적 자각이 함께해야 한다.

프리미엄 제품과 고급 서비스 이전에, '왜 반려동물을 키우는가', '그들의 삶을 내가 끝까지 책임질 수 있는가'라는 질문부터 진지하게 던져야 한다.

반려동물은 더 이상 우리 삶의 부속물이 아니다. 그들은 감정을 지닌 존재이며, 인간과 유사한 방식으로 교감하고 성장하며, 고통받고 사랑한다. 우리는 반려동물과 함께함으로써 진정한 생명 존중의 가치를 배운다. 그 가치는 가정에서, 공동체에서, 사회 제도 전반으로 확산되어야 한다. '반려동물 1,500만 시대'는 단순히 숫자가 늘어난 현상이 아니라, 사회가 생명에 대해 어떻게 응답할지를 묻는 본질적 물음이다.

이 시대를 긍정적 변화로 이끌 수 있는 유일한 길은, 책임 있는 돌봄과 윤리적 성찰, 그리고 모든 생명을 존중하는 문화의 실천이다.

PART 2

법적 현실과 문제점

01

반려동물의 법적 지위와 사회적 인식 변화
물건인가 생명체인가?

　반려동물은 더 이상 단순한 애완동물이 아닌, 인간과 정서적 유대와 삶을 나누는 가족의 일원으로 자리 잡고 있다. 1,500만 반려인구 시대를 살아가는 지금, 반려동물의 법적 지위와 사회적 인식은 그 어느 때보다 중요한 사회적 이슈로 떠오르고 있다. 그러나 대한민국의 법률은 여전히 반려동물을 '물건'으로 분류하고 있다. 이러한 상황에 따라 유기나 학대, 생명침해에 대한 법적 대응은 실질적인 한계를 드러내고 있다. 반려동물에 대한 사회적 인식이 급변하고 있음에도, 제도와 법은 그 속도를 따라가지 못하고 있다. 이는 단지 법적 분류의 문제를 넘어, 생명 존중 사회로 나아가기 위한 사회의 품격과 윤리적 기준을 가늠하는 중대한 과제이다. 본 장에서는 반려동물의 법적 지위와 그에 따른 사회적 인식 변화, 그리고 이를 둘러싼 제도적 쟁점들을 살펴본다. 더불어 유기 및 학대 문제의 원인과 현행 법제도의 한계를 진단하고, 실질적인 제도 개선 방향과 책임 있는 반려 문화 정착을 위한 방안을 모색하고자 한다.

법적 지위 전환의 필요성

 오늘날 수많은 가정에서 반려동물은 단순한 애완동물이 아니라, 함께 살아가는 가족으로 자리 잡고 있다. 그러나, 대한민국 현행 법률은 여전히 이들을 '물건'으로 규정하고 있다. 이는 심각한 법적·윤리적 괴리를 만들어내고 있다. 현행 민법 제98조는 "물건은 유체물 및 관리할 수 있는 자연력"이라고 정의하고 있다. 반려동물은 이에 포함되어 법적으로는 소유 가능한 재산으로 분류된다. 이로 인해 반려동물이 사고를 당하거나 목숨을 잃더라도, 법적 처리는 '재산상의 손해' 또는 '물건의 훼손'에 해당되며, 생명에 대한 존중이나 정서적 피해는 전혀 고려되지 않는다.

 하지만 현실에서 반려동물은 보호자와 정서적 유대와 상호작용을 나누며 살아가는 생명체다. 그들은 우리 일상에 깊이 관여하고, 기쁨과 위로, 책임감을 함께 나누는 존재다. 그럼에도 불구하고, 이들을 단지 소유물로 취급하는 법적 해석은 심각한 보호의 사각지대를 초래하고 있다. 이처럼 동물 학대나 유기 같은 행위에 대한 실효성 있는 법적 대응을 가로막고 있다.

이러한 문제의식은 세계 곳곳에서도 제기되어 왔다. 독일, 스위스, 오스트리아 등은 이미 민법상 동물을 '감정을 느끼는 생명체'로 명시하고 있으며, 이에 따라 동물 보호에 관한 법적기준도 강화되었다. 예를 들어, 동물을 학대하거나 방치할 경우 단순한 소유물 훼손이 아닌, 생명에 대한 침해로 간주되어 더욱 무거운 처벌이 가능하다. 이러한 변화는 단순한 문구 변경이 아닌, 사회 전체가 생명을 존중하는 방향으로 나아가기 위한 구조적 전환이다.

이제 대한민국도 변화가 필요하다. '펫팸족(Pet + Family)'이라는 말이 익숙해진 시대에, 반려동물을 단지 물건으로 분류하는 법체계는 더 이상 현실을 반영하지 못한다. 민법 개정을 통해 반려동물을 '특별한 생명체'로 정의하고, 동물의 권리를 명시하는 것은 단지 동물을 위한 일이 아니라, 인간 사회 전체의 윤리와 품격을 높이는 일이다. 반려동물은 우리 곁에 있는 생명이다. 그들을 어떻게 대하느냐는, 우리가 어떤 사회를 지향하는지를 보여주는 지표다. 지금이야말로, 그 지위를 바꾸어야 할 시간이다.

동물은 물건이 아니다 – 법적 지위의 역사와 변화

 동물은 오랜 세월 동안 법적으로 '소유물'로 간주되어 왔다. 고대 로마법에서부터 근대 민법까지, 동물은 인간의 재산 목록 중 하나로 분류되었고, 주인은 동물을 농업·수송·오락·실험의 도구로 자유롭게 이용하거나 처분할 수 있었다. 법률은 동물을 '사람'이 아닌 '물건'으로 규정했고, 이로 인해 동물의 고통이나 권리는 법적 고려 대상이 되지 않았다.
 이러한 전통적 법 인식은 동물을 단지 인간 중심적 목적을 위한 수단으로 보는 관점을 반영한다. 즉, 동물의 존재 가치는 인간의 필요에 의해 정의되었고, 생명으로서의 고유한 권리는 철저히 무시되었다. 그러나 20세기 중반 이후, 동물권에 대한 윤리적 관심이 점차 확산되기 시작했다.

 특히 1970년대부터는 동물에게도 고통을 느끼는 감각이 있다. 그 고통을 최소화해야 한다는 주장이 공론화되면서 '동물복지'라는 개념이 법과 제도의 언어로 떠오르게 된다. 그에 따라 여러 국가들이 동물보호법, 복지법을 제정하며 법적 장치를 마련하기 시작했다. 21세기에 들어서면서 이러한 흐름은 더욱 구체적인 입법으로 이어졌다.

독일은 2002년 헌법에 동물 보호 조항을 명시하면서 세계 최초로 동물 보호를 헌법적 가치로 끌어올렸다. 프랑스 역시 2015년 민법 개정을 통해 동물을 "감정을 느끼는 살아 있는 존재"로 정의함으로써 동물의 고통과 감정을 법적으로 인정하였다.

이러한 변화는 단순히 상징적 선언에 그치지 않는다. 이는 동물을 인간의 목적을 위한 '물건'이 아닌, 독립된 생명체로 바라보는 새로운 법철학의 반영이며, 사회가 생명을 대하는 태도 자체를 바꾸는 데 큰 영향을 미치고 있다.

대한민국 역시 이제는 동물의 법적 지위를 재정립해야 할 시점에 도달해 있다. 법이 사회인식을 따라가지 못한다면, 동물에 대한 학대와 유기는 계속될 수밖에 없다. 반려동물을 가족처럼 여기며 살아가는 시대에, 법도 그에 걸맞게 변화해야 한다. 동물을 '물건'이 아닌 '생명'으로 인정하는 것은 생명 존중 사회로 나아가는 첫걸음이며, 동시에 인간의 윤리 수준을 한 단계 끌어올리는 일이다.

동물은 권리를 가질 수 있는가 — 법적 지위 변화의 핵심 쟁점

 동물을 단순한 소유물이 아닌, 권리를 가진 존재로 인정할 수 있을까? 최근 전 세계적으로 동물의 법적 권리를 둘러싼 논의가 활발히 진행되고 있다. 이는 단순한 동물 보호 차원을 넘어, 생명을 대하는 인간 사회의 도덕성과 법철학 전반을 되돌아보게 만드는 주제다.

 이러한 논의는 감정적 호소에 그치지 않고, 법적 정의와 실현 가능성을 중심으로 구조화되고 있다. 첫 번째 논점은 동물에게 권리를 부여할 수 있는 기준에 관한 것이다. 일부 법학자와 윤리학자들은 "고통을 느낄 수 있는 능력(sentience)"을 권리 부여의 기준으로 제시한다. 동물이 감정과 고통을 느낄 수 있다는 과학적 근거가 점차 축적되면서, 이들은 동물을 단순한 인간의 도구나 자산이 아니라 고유한 이익과 필요를 지닌 생명체로서 존중받아야 한다고 주장한다. 이는 인간 중심적 사고를 넘어서 생명 중심적 관점을 반영하는 흐름이다.

 두 번째 쟁점은 동물의 권리 확립이 사회·경제 시스템과 충돌할 수 있다는 현실적인 우려다.

예를 들어, 동물 실험을 금지하거나 제한하면 생명과학, 제약산업 등 연구개발 분야에 타격이 예상된다. 또, 대규모 축산업과 같은 산업 구조는 전 세계 식량공급 체계와 밀접하게 연결되어 있어, 동물 권리를 중심에 둔 법 개혁은 단순한 윤리적 문제가 아닌, 정책적·경제적 과제를 수반한다. 이 지점에서 동물권은 공공의 이해관계와 조화를 이루는 방식으로 접근되어야 한다.

세 번째는 동물의 법적 권리를 실질적으로 보장하기 위한 제도적 모델이다. 몇몇 국가는 동물을 법적으로 '권리의 주체'로 인정하려는 시도를 하고 있다. 이는 동물을 더 이상 인간의 소유물이 아닌, 법적으로 보호받아야 할 독립적 생명체로 규정하려는 움직임이다. 이러한 변화는 법률상 소송이나 보호 조치를 받을 권리를 동물에게 부여할 수 있는지, 또는 어떤 방식으로 이를 대리할 수 있는지와 같은 현실적인 제도 설계로 이어진다. 실제로는 동물의 권리를 실질적으로 보장하기 위해 공공 변호인 제도 도입, 동물권 위원회 설치, 동물 전담 수사체계 운영 등의 다양한 법적 기구와 시스템이 제안되고 있다. 이는 감성에 의존한 호소가 아니라, 구체적인 입법과 행정체계를 바탕으로 하는 실현 가능한 권리 확립의 과정이다.

이러한 논의는 궁극적으로 동물의 법적 지위 변화가 갖는 사회적 의미로 연결된다. 단순한 법 개정이 아니라, 생명존중이라는 가치를 법적으로 명문화하고 제도화하는 전환점이 된다. 동물을 생명체로 인정하는 법적 변화는 인간 중심적 사고에서 벗어나, 모든 생명에 대한 포괄적 존중과 공존이라는 원칙을 확립하는 데 기여한다. 이는 생태윤리와도 깊은 연관을 가지며, 인간과 자연의 조화로운 관계를 지향하는 근본적 변화다.

 동물에게 법적 권리를 부여하는 것은 인간 사회가 윤리적 성숙을 향해 나아가는 길목에 서있음을 의미한다. 이는 단지 동물을 위한 것이 아니라, 인간 자신을 위한 선택이기도 하다. 동물의 법적 지위 변화는 생명을 둘러싼 인간의 책임을 더욱 자각하게 하고, 더 높은 수준의 도덕성과 윤리 의식을 요구한다. 결국, 동물을 물건이 아닌 생명체로 인정하고 법적으로 그 지위를 보장하는 일은 우리 사회가 반드시 논의하고 실천해야 할 과제다. 이는 단순한 제도 개편이 아니라, 인간과 생명체의 관계를 근본적으로 재정립하는 일이며, 공존과 존중이라는 시대정신을 담아내는 법적 선언이 될 것이다.

반려동물의 법적 지위 변화
생명을 대하는 사회의 품격을 말하다

반려동물과 인간은 단순한 소유자와 소유물의 관계를 넘어, 정서적 유대와 공존의 관계를 맺으며 살아간다. 하지만 현재 대한민국의 법적 체계는 이러한 관계를 충분히 반영하지 못하고 있다. 민법 제98조는 "물건은 유체물 및 관리할 수 있는 자연력"이라고 규정하고 있다. 이에 따라 반려동물 역시 '물건'으로 간주된다.

그 결과 반려동물이 상해를 입거나 죽임을 당하더라도, 법적으로는 '재산상의 손해'로 다뤄지는 실정이다. 이러한 법적 현실은 반려동물을 가족처럼 생각하는 사회적 인식과는 현격한 괴리를 보인다. 반려동물을 생명체가 아닌 재산으로 바라보는 관점은 생명 존중 사회를 구현하는 데 장애가 될 수밖에 없다. 법적 인식의 변화 없이는 동물 학대, 유기, 무책임한 사육 같은 문제들을 근본적으로 해결하기 어렵다.

동물의 법적 지위를 생명 중심으로 전환하기 위해서는 민법 개정은 물론, 관련 제도의 전면적인 보완이 필수적이다.

첫 번째로, 동물보호법의 실효성을 강화할 필요가 있다. 현재 동물학대에 대한 처벌은 미약하며, 실질적인 억제력을 갖기 어렵다.

형사 처벌 수위를 높이고, 동물 학대 전력이 있는 자의 입양 제한 등 구체적이고 예방적인 제도 도입이 요구된다.

  두 번째로, 반려동물 등록제의 실효성을 높여야 한다. 등록률이 저조하고 관리가 허술한 현실을 개선하기 위해 등록 의무화와 미등록에 대한 강력한 제재가 필요하다. 더 나아가 보호자의 책임 의식을 높이기 위해 정기적인 반려동물 교육 프로그램을 도입해야 한다. 이는 보호자의 돌봄 역량을 향상시키고, 반려동물을 생명으로 대하는 문화를 확산하는 데 기여할 것이다.

  세 번째로, 헌법 수준에서 동물 생명권을 명시하는 변화가 필요하다. 독일은 2002년 헌법에 동물 보호 조항을 삽입함으로써, 국가가 동물 복지에 책임을 지도록 했다. 우리나라 역시 헌법에 동물의 생명과 복지에 관한 조항을 포함시킴으로써 향후 민법 및 관련 법 개정의 도덕적·법적 기반을 마련할 수 있다. 네 번째로, 지방자치단체의 적극적인 역할이 중요하다. 유기동물 보호소에 대한 예산과 인력을 확대하고, 지역 단위의 동물복지 캠페인과 교육 프로그램을 체계적으로 운영해야 한다. 이는 지역사회에서 반려동물과의 공존 문화를 정착시키는 데 중요한 역할을 하게 된다. 이처럼 반려동물의 법적 지위 변화는 단순한 법 개정이나 제도 개선에 그치지 않는다.

이는 생명에 대한 사회 전체의 태도와 품격을 다시 정의하는 작업이다. 반려동물을 단순한 '물건'이 아니라, '함께 살아가는 생명'으로 인정하는 순간, 우리 사회는 한층 더 성숙한 방향으로 나아가게 된다. 결국, 반려동물에 대한 법적 인식의 전환은 인간 사회의 윤리와 책임을 되돌아보게 하는 거울이다. 지금 필요한 것은 법의 정의를 생명 중심으로 다시 쓰는 일이다. 그것은 우리 모두의 몫이다.

**반려동물을 생명으로 인정할 때,
법과 제도는 어떻게 바뀌어야 하는가?**

 반려동물을 단지 '물건'이 아닌 '생명체'로 인정하려는 사회적 흐름은 점차 뚜렷해지고 있다. 그러나 이러한 인식의 변화는 단순한 선언으로 그쳐서는 안 된다. 진정한 전환을 이루기 위해서는 법과 제도가 현실을 따라잡아야 한다. 구체적이고 실효성 있는 변화가 뒷받침되어야 한다. 이는 민법 개정이라는 법적 선언을 넘어, 사회 전반의 계약 구조, 보험 체계, 보호 장치 등 실생활과 밀접하게 연결된 제도 전반의 개혁을 의미한다. 반려동물의 법적 지위를 생명체로 전환한다는 것은 곧, 이들과 관련된 계약 및 보험 제도 또한 새롭게 정의되어야 함을 뜻한다.

대표적인 예가 반려동물 의료보험의 활성화다. 현재 대부분의 반려동물 보호자들은 치료비용을 전액 자비로 부담하고 있다. 이는 경제적 부담을 크게 가중시키는 요인이 된다. 반려동물 보험 제도의 법적 기반을 강화하고, 국가나 지자체 차원에서 일정 부분을 보조하는 구조를 마련한다면, 보호자는 보다 안정적으로 동물의 건강권을 보장할 수 있을 것이다. 또한, 반려동물 입양 계약서에 권리와 책임을 명확히 규정하는 표준화된 법적 기준이 필요하다. 이는 단순한 문서 작성 차원을 넘어, 입양 이후 발생할 수 있는 분쟁이나 유기를 사전에 예방하는 장치가 될 수 있다. 특히 보호자의 책임을 법적으로 명시함으로써 반려동물의 생명권을 명확히 존중받도록 해야 한다.

현행 동물보호법은 반려동물의 권리를 보호하고 학대를 방지하기 위한 법률임에도 불구하고, 실효성 부족이라는 비판을 피하지 못하고 있다. 가장 큰 문제는 처벌 수위의 미약함이다. 동물 학대 행위에 대한 형사 처벌은 여전히 경미한 수준에 머물러 있어, 법적 경고의 효과를 발휘하지 못하고 있다. 학대 행위에 대해 강력한 벌금과 징역형을 명시하고 반복범에 대해서는 입양 제한 등의 제재가 필요하다. 또한, 반려동물 유기 문제 역시 법의 사각지대에 놓여 있다.

유기는 명백한 범죄행위지만, 실제 처벌 사례는 극히 드물고 법적 제재 역시 미약한 수준이다. 유기 행위에 대해 명확한 범죄 규정과 엄중한 처벌이 이뤄져야만 유기 방지에 실질적인 효과를 거둘 수 있다. 더불어 동물보호법의 적용 범위에도 심각한 한계가 존재한다. 법은 등록된 반려동물 중심으로 운영되며, 길고양이, 유기동물, 농장동물 등 수많은 생명체는 여전히 법적 보호의 사각지대에 놓여 있다.

　모든 동물에 대해 최소한의 생명권과 복지권을 보장하는 방향으로 법적 틀을 확대해야 한다. 단순히 보호대상을 구분하는 것이 아닌, '생명'이라는 가치 기준에 따라 법이 작동해야 할 시점이다. 실질적인 변화, 제도적 실행이 답이다. 반려동물의 법적 지위 변화는 상징적인 민법 개정만으로 완성되지 않는다. 의료, 계약, 보험, 교육, 보호 등 다양한 영역에서의 구조적 개선이 병행될 때 비로소 그 변화는 실질적 효과를 발휘하게 된다. 이는 반려동물뿐만 아니라, 인간이 생명을 어떻게 대하는지에 대한 사회적 성숙도를 가늠하는 지표이기도 하다.

　이제는 선언을 넘어 실행으로 나아가야 할 때다. 반려동물을 생명으로 대하는 법적·제도적 구조는 곧 인간 사회의 품격을 높이는 일이기도 하다. 법이 생명을 어떻게 정의하느냐에 따라, 우리 사회의 미래가 달라질 수 있다.

02
유기·학대 문제와 법의 책임

반려동물과 함께 살아가는 가정이 늘어났지만, 그 이면에는 여전히 수많은 유기와 학대가 반복되고 있다. 해마다 수만 마리의 동물이 버려지고 고통받는 현실은 개인의 일탈이 아니라, 사회와 제도의 구조적 한계를 드러낸다. 문제의 본질은 단순한 감정적 태도나 개인의 도덕성 결여에만 있는 것이 아니다. 현행 법 체계는 반려동물을 여전히 '소유물'로 간주하고 있으며, 이는 동물의 생명과 권리를 실질적으로 보장하기에는 매우 부족하다.

반려동물을 유기하거나 학대하는 사례는 법적으로는 재산 손괴나 경범죄에 그치는 경우가 많다. 이는 반복적인 학대와 방임을 막지 못하는 원인이 된다. 유기의 주요 원인 중 하나는 보호자의 책임감 부족이다. 감정적인 충동으로 입양을 결정한 후, 현실적인 어려움이나 흥미의 상실로 인해 반려동물을 버리는 일이 빈번하다. 이는 보호자 개인의 무지뿐만 아니라 입양 전 교육 시스템의 부재와 사회 전반의 낮은 책임 의식에서 비롯된 문제다. 여기에 더해 번식 관리의 부재도 유기 문제를 심화시키고 있다. 일부 보호자들은 사전 지식이나 계획 없이 반려동물의 출산을 방치하며, 태어난 새끼에 대한 책임을 회피하는 경우가 많다. 이는 중성화 수술이나 번식 제한에 대한 인식 부족과, 이를 안내하고 지원하는 체계가 갖춰지지 않은 제도적 미비에서 기인한다. 결국 이러한 무계획적 번식은 유기동물의 급증으로 이어지며 사회적 비용을 증가시키는 요인이 된다.

 동물의 생명권에 대한 사회적 인식 부족 또한 유기와 학대를 반복하게 만드는 근본적인 원인 중 하나다. 동물을 생명체가 아닌 '소모품'처럼 여기는 일부의 시선은 동물 유기를 묵인하거나 정당화하는 분위기를 형성하며, 이는 사회가 생명을 어떻게 대하고 있는지를 단적으로 보여준다. 동물은 감정을 느끼고 고통을 경험할 수 있는 존재임에도 불구하고, 이들의 생명과 권리를 존중해야 한다는 윤리적 감수성은 아직 충분히 확산되지 못했다.

 이러한 문제를 해결하기 위해서는 단순한 법 개정에 그치지 않고, 다층적인 제도 개선이 필요하다. 동물보호법은 처벌 수위가 지나치게 낮고, 실제 제재가 미비하여 실질적인 억제 효과를 거두지 못하고 있다. 반복적인 학대나 유기에 대해서는 강력한 형사 처벌과 입양 제한 조치가 필요하며, 반려동물 등록제의 실효성을 높여 미등록에 대한 제재를 강화해야 한다.

유기 행위를 범죄로 명확히 규정하고, 그에 따른 처벌 기준을 상향 조정하는 것도 필수적이다. 더불어 길고양이, 유기동물, 구조된 야생동물 등 법적 사각지대에 놓인 생명체들도 동등하게 보호할 수 있는 법적 근거가 마련되어야 한다. 이는 단지 반려동물을 보호하는 차원을 넘어, 생명 중심적 법률 체계로의 전환을 의미한다. 더 근본적으로는 동물 생명권을 헌법에 명시하는 과감한 결단이 필요하다. 독일처럼 헌법에 동물 보호 조항을 포함시킴으로써 국가의 책임을 분명히 하고, 그에 따른 민법과 행정 시스템, 보험·계약 제도의 개선으로 이어지는 구조적 연쇄 개편이 이루어져야 한다. 지방자치단체도 공공 보호소의 운영 개선, 지역 캠페인과 교육 프로그램 확대 등 실질적인 행정적 노력을 병행해야 한다. 결론적으로 반려동물 유기와 학대는 단순한 개인의 문제가 아니다. 이는 법적 허점, 교육 부재, 책임 인식의 결여, 사회적 무관심이 복합적으로 작용한 결과이며, 그 해법 역시 다각적이고 구조적인 접근 없이는 불가능하다. 법이 먼저 생명을 존중할 때, 사회는 그 법의 정신을 따라갈 수 있다.

반려동물을 어떻게 대하는가에 우리 사회의 윤리 수준과 품격이 드러난다. 이제는 선언이 아닌 실천으로, 책임이 아닌 변화로 나아가야 할 시간이다.

01
유기동물 문제, 이제는 법과 사회가 함께 나서야 한다

해마다 수만 마리의 반려동물이 유기되고 있다. 반려동물을 가족이라 부르며 살아가는 사회적 인식이 확산된 지 오래지만, 이들을 버리는 행위는 여전히 쉽게 반복되고 있다. 이는 개인의 무책임한 행동에서 비롯된 문제이기도 하지만, 보다 근본적으로는 허술한 법적 장치와 낮은 사회적 책임 의식에서 기인한 구조적인 문제다. 유기동물 문제를 근본적으로 해결하기 위해서는 강력한 법적 대응과 실질적인 제도 개선이 반드시 병행되어야 한다. 현행 대한민국의 동물보호법은 동물 학대 및 유기 행위에 대한 처벌 조항을 포함하고 있지만, 그 처벌 수위는 실효성에 크게 미치지 못하고 있다. 벌금은 낮고, 형벌은 선택적이며, 실질적인 억제력은 거의 없다. 유기 행위를 범죄로 명확히 규정하고, 이에 대해 고액의 벌금과 일정 기간 반려동물 소유를 제한하거나 금지하는 등의 강력한 제재가 필요하다. 이는 단순한 처벌을 넘어 재발 방지와 예방 효과를 함께 노릴 수 있는 실질적인 방안이 될 수 있다.

더불어 반려동물 등록제의 실효성을 강화하는 것도 중요하다. 현재 등록제는 법적으로 시행중이나, 실제 등록률은 매우 저조하다. 이는 제도적 허점과 보호자의 무관심이 맞물려 발생한 결과이며, 이러한 상황에서는 유기 동물 발생 시 보호자를 식별하고 책임을 묻는 일이 사실상 불가능해진다. 등록을 의무화하고 미등록 시 강력한 벌칙을 부과하는 정책을 통해, 등록제를 생명 보호의 기본 장치로 정착시켜야 한다. 이와 함께 유기동물 보호소에 대한 지원과 입양 절차 개선도 병행되어야 한다. 보호소는 많은 동물을 수용하고 있으나 운영 환경은 열악하고 인력도 부족하다. 동물 보호 단체 및 지자체와 협력해 재정과 인력을 확보하고, 보호소의 환경을 개선하는 것이 시급하다. 또한 입양 절차를 불필요하게 복잡하게 만드는 제도적 장벽을 낮추고, 책임 있는 입양 문화 정착을 위한 교육 시스템과 연계해 입양의 접근성과 질을 동시에 높이는 방안이 필요하다.

그러나, 법적 제재만으로는 문제의 근본을 해결할 수 없다.

반려동물은 사람과 함께 살아가는 생명체이며, 그 생명은 인간의 생명과 마찬가지로 존중받아야 한다. 반려동물 유기 문제는 생명 경시와 무책임한 보호 문화가 빚은 복합적 결과다. 이를 해결하기 위해서는 윤리적 인식의 변화와 책임감 있는 반려 문화의 정착이 함께 이루어져야 한다. 입양 전 교육 강화, 생명존중 교육 확대, 번식 관리 체계화 등은 사회 전반의 인식을 바꾸는 출발점이 될 수 있다.

궁극적으로 우리는 법적 대응과 사회적 책임의식이 결합된 구조적 해결책을 마련해야 한다. 법은 강하게, 사회는 따뜻하게 변화할 때, 우리는 유기동물 문제를 넘어 생명을 존중하는 건강한 사회로 나아갈 수 있다. 반려동물과 인간이 공존하는 미래는 단지 가능성의 문제가 아니라, 지금 우리가 어떤 선택을 하느냐에 달려 있다.

반려동물 보호, 법만으로는 부족하다 – 제도와 인식의 동시 개혁이 필요한 이유는?

　반려동물은 이제 단순한 애완동물을 넘어, 가족으로 함께 살아가는 존재로 인식되고 있다. 하지만 이러한 변화된 사회적 인식에 비해 우리 법체계는 여전히 그 속도를 따라가지 못하고 있으며, 반려동물의 권리를 온전히 보호하기엔 여러 제도적 허점과 미비한 집행 체계가 병존하고 있다.

　대한민국은 동물보호법을 통해 반려동물의 복지와 생명을 보호하려는 노력을 기울이고 있으며, 관련 제도들도 점차 확장되고 있다. 그러나, 실질적인 보호의 성과를 묻는다면 여전히 미흡한 부분이 많다. 가장 먼저 지적되는 것은 동물보호법의 범위와 적용 대상의 문제다. 이 법은 반려동물뿐 아니라 농장동물, 실험동물 등 다양한 동물을 포괄하고 있지만, 정작 반려동물에 대한 세부적 조항은 부족한 경우가 많다. 특히, 학대에 대한 처벌 기준이 명확하지 않거나 제재 수위가 약해, 법이 존재함에도 불구하고 실제 사건 발생 시 제대로 작동하지 않는 경우가 잦다.

또한, 민법상 반려동물의 법적 지위는 여전히 '물건'으로 규정되어 있다. 이는 반려동물을 생명으로 보기보다 소유 가능한 재산의 일부로 보는 관점을 반영한 것으로, 동물의 감정이나 생명성을 무시하는 시대착오적 분류다. 이로 인해 학대나 유기 사건이 발생해도 법적으로 제대로 구제받지 못하고, 가해자 처벌 또한 민망할 정도로 약한 수준에 머물러 있다. 반려동물을 '생명체'로 인정하고, 이에 상응하는 법적 지위와 권리를 부여하려는 사회적 요구는 점점 커지고 있지만, 입법과 제도는 여전히 더디기만 하다.

뿐만 아니라, 법 집행의 실효성 부족도 주요 문제 중 하나다. 법이 존재해도 그것이 현실에서 제대로 작동하지 않으면 무용지물에 가깝다. 동물 학대나 유기 사건에서 가해자에 대한 처벌이 경미하거나, 법적 절차가 복잡하고 피해 입증이 어려운 구조는 동물의 권리를 실질적으로 보호하지 못하게 만든다. 더불어 유기동물 보호소의 시설 열악, 인력 부족, 지방자치단체의 관리 미흡 등 보호 인프라 자체가 제대로 갖춰지지 않은 현실도 문제를 심화시키고 있다.

여기에 더해, 시민들의 인식 부족은 제도 개혁의 실효성을 떨어뜨리는 또 다른 축이다. 반려동물을 여전히 재산처럼 여기거나, 생명체로서 존중하고 책임 있게 기르는 문화를 체감하기 어려운 상황이 이어지고 있다. 이는 법이 아무리 강화되어도 사회 전반의 의식 수준이 따라주지 않으면 실질적인 변화가 어렵다는 점을 시사한다. 따라서 시민 교육, 공공 캠페인, 학교 교육 등을 통해 생명 존중 인식을 전 사회적으로 확산시키는 노력이 반드시 병행되어야 한다.

　결론적으로, 현재의 동물보호법은 반려동물 권리 보호의 출발점이라는 점에서 중요한 의미를 가지지만, 그것만으로는 충분하지 않다. 제도적 한계를 보완하고, 법이 현실에서 실효성을 갖기 위해서는 반려동물의 법적 지위를 생명체로 전환한다. 명확한 처벌 기준을 수립하며, 보호 인프라와 집행력을 강화하는 한편, 시민들의 인식 수준도 함께 끌어올려야 한다. 이러한 법적·제도적·사회적 변화가 동시에 이루어질 때, 우리는 비로소 인간과 반려동물이 함께 존중받는 사회로 나아갈 수 있을 것이다.

동물보호법, 생명존중 사회를 위한 실질적 개정이 필요하다

　현대 사회에서 동물을 보호하는 일은 더 이상 선택이 아닌 필수적인 책무다. 동물의 생명권과 복지를 보장하기 위해 마련된 동물보호법은, 학대를 방지하고 인간과 동물이 조화롭게 공존할 수 있는 환경을 조성하기 위한 핵심 법적 장치이다. 그러나, 오늘날의 동물보호법은 여전히 여러 제도적 문제를 안고 있다. 그로 인해 실질적인 보호 효과를 달성하는 데 분명한 한계를 드러내고 있다. 법은 존재하지만, 그 법이 제대로 작동하지 않는다면 동물의 생명은 여전히 위험에 노출될 수밖에 없다. 가장 심각한 문제는 처벌 수위의 미비다. 실제로 동물 학대 사건이 발생해도, 대부분의 경우 가해자는 벌금형이나 집행유예에 그치며 실형에 처해지는 경우는 매우 드물다. 이러한 관대한 처벌은 법의 경고 효과를 약화시키고, 유사 사건의 재발을 막는 데 전혀 도움이 되지 않는다. 반려동물을 고의로 다치게 하거나 죽이는 행위는 명백한 생명 침해임에도 불구하고, 법은 여전히 그 행위를 중대한 범죄로 다루지 않고 있다.

이 문제를 해결하기 위해서는 반복적이거나 고의성이 높은 학대 행위에 대해 실질적인 형사처벌, 즉 징역형 이상의 강력한 조치를 취할 수 있도록 형량 기준을 재정비해야 한다. 이는 단순한 제재를 넘어, 사회 전체에 생명을 존중하라는 분명한 메시지를 전달하는 상징적 조치이기도 하다.

또 다른 문제는 법적 보호 대상의 한정성이다. 현행 동물보호법은 주로 반려동물을 중심으로 규정되어 있으며, 이로 인해 길고양이, 실험동물, 야생동물 등은 사실상 보호의 사각지대에 놓여 있다. 예컨대 실험실에서 반복적으로 고통을 겪는 동물들이나, 도심 속에서 방치되거나 해를 입는 길고양이들은 현행 법제 하에서는 제대로 된 보호를 받기 어렵다. 이는 동물보호법이 생명 전체에 대한 보편적 가치를 구현하기보다는, 특정 동물에만 제한된 법으로 기능하고 있다는 비판으로 이어진다.

법의 형평성과 실효성을 확보하기 위해서는 보호 대상을 확대하는 것이 필수적이다. 반려동물뿐만 아니라, 모든 종류의 동물을 포괄하는 보호체계로 전환해야 한다. 이를 위해 다양한 동물 유형에 맞춘 구체적 보호 기준과 행위 제한 규정을 새롭게 마련할 필요가 있다. 이 과정에서 단순히 보호 대상을 나열하는 것에 그치지 않고, 각 동물의 생태적 특성과 고통 민감도를 고려한 맞춤형 법 조항이 포함되어야 한다. 법은 정의를 담는 그릇이어야 하며, 생명을 다루는 법은 그 무엇보다 정밀하고 포괄적이어야 한다.

결과적으로, 동물보호법은 동물 생명을 위한 중요한 출발점이지만, 현재의 제도로는 생명존중 사회를 실현하는 데 있어 충분하지 않다. 강력한 처벌 기준과 광범위한 보호 대상을 포함하는 방향으로의 개정은 선택이 아닌 필수다. 이는 동물뿐만 아니라 인간 사회의 윤리적 성장을 위한 과정이기도 하다. 앞으로의 동물보호정책은 단순한 규제나 감정적 반응을 넘어서야 한다. 생명을 존중하는 정의로운 사회를 실현하기 위한 철학과 가치가 반영된 정책으로 발전해야 한다. 그 변화는 지금 이 순간부터 시작되어야 한다.

실질적인 동물 보호, 이제는 제도와 인식의 전환이 필요하다

동물의 생명을 보호하고, 인간과 동물이 조화롭게 공존하는 사회를 만들기 위해 제정된 동물보호법은 그동안 중요한 역할을 해왔다. 하지만 법의 존재만으로는 충분하지 않다. 현실속에서는 여전히 수많은 동물이 학대받고, 유기되고, 보호의 사각지대에서 방치되고 있다. 이는 현행 제도가 갖는 구조적 한계를 그대로 보여주는 현실이다. 이제는 실효성을 갖춘 보호 정책으로의 전환이 필요하다는 점을 분명히 한다. 동물 학대에 대한 처벌은 명확하고 강력해야 한다. 현재 대부분의 학대 사건은 벌금형이나 집행유예 수준에 그치고 있어, 법적 억제력은 물론 재범 방지 효과도 미미하다. 특히 반복적이거나 조직적인 동물 학대 범죄에 대해서는 형량을 상향 조정하고, 가해자에게 정신 치료와 교육 프로그램 이수를 의무화하는 제도가 필요하다. 이는 단순한 처벌을 넘어, 가해자의 인식 전환을 유도하고 재발을 예방하기 위한 실질적인 대응책이 될 수 있다.

더불어 동물 관련 사건을 신속하고 공정하게 다룰 수 있도록 전담 사법 부서를 신설하고, 전문 수사 인력을 확충하는 것도 중요하다. 사건 발생 후 대응의 지연이나 처리 부실을 줄이기 위해서는 사법 시스템 자체의 체질 개선이 함께 이루어져야 한다.

 또한, 보호 대상의 범위 확대는 지금의 법이 반드시 넘어야 할 과제다. 현행 법은 주로 반려동물에 초점을 맞추고 있지만, 길고양이, 실험동물, 야생동물 등은 여전히 법적 사각지대에 놓여 있다. 동물의 생명을 대하는 시선에 차별이 있어서는 안 되며, 모든 생명체에 대한 포괄적 보호가 실현되어야 한다. 이를 위해선 보호 대상을 명확히 확대하고, 공공 및 민간 보호소의 인프라를 확충해야 한다. 시설 개선과 운영비 지원, 전문 인력 양성 등을 통해 구조된 동물들이 적절한 보호를 받을 수 있도록 하는 체계적인 기반이 마련되어야 한다.

 법과 제도가 아무리 정비되어도, 사회 전체의 인식이 변하지 않으면 진정한 보호는 이루어지지 않는다. 동물을 생명으로 존중하는 문화는 자연스럽게 형성되지 않는다. 공교육 과정에 동물복지 교육을 필수화 해야 한다. 정부와 시민단체가 협력하여 지속적인 홍보와 캠페인을 펼쳐야 한다.

대중매체, 소셜미디어를 활용한 전국 단위의 인식 개선 활동은 생명존중 문화를 확산시키고, 책임 있는 반려동물 양육 문화를 정착시키는 데 큰 기여를 할 수 있다.

결국, 실질적인 동물 보호 효과를 거두기 위해서는 법적·제도적 조치와 함께 사회적 책임감이 동시에 작동해야 한다. 동물 학대에 대한 실효적 처벌 강화, 보호 대상의 범위 확대, 교육과 인식 개선이 종합적으로 추진될 때 비로소 진정한 변화가 시작될 수 있다. 앞으로의 동물보호 정책은 단순한 규제를 넘어, 생명에 대한 존중과 인간의 윤리적 책임을 반영하는 방향으로 발전해야 한다. 그리고 그 변화는 지금 이 순간, 우리 모두의 의지와 실천에서부터 시작된다.

03
반려동물 학대 처벌 강화

최근 반려동물을 가족처럼 여기는 가정이 늘어나면서, 반려동물은 더 이상 단순한 애완동물이 아닌 정서적 유대와 책임이 따르는 가족 구성원으로 자리매김하고 있다. 이는 사회 전반의 인식이 반려동물을 '소유물'로 보던 과거에서 벗어나, 함께 살아가는 생명체로 존중하려는 방향으로 변화하고 있음을 보여준다. 그러나 이러한 긍정적인 흐름과는 달리, 반려동물 학대 사건은 여전히 지속되고 있으며, 그 양상은 더욱 잔혹하고 조직적으로 발전하고 있다. 이 같은 문제는 더 이상 일부 개인의 일탈로 치부할 수 없는, 명백한 사회적 문제다. 반려동물 학대는 구타, 방치, 고의적 상해, 음식 및 물의 차단 등 다양한 형태로 나타나며, 그 자체로 동물의 생명권과 복지를 심각하게 침해하는 범죄 행위다.

최근에는 학대 장면을 촬영한 뒤 영상으로 유포하거나, 온라인 커뮤니티를 통해 이를 조롱하고 공유하는 사례까지 등장하고 있다. 이러한 범죄적 성격의 학대 행위는 동물뿐 아니라 인간 사회의 도덕성과 윤리의식을 정면으로 위협하는 행위다.

그럼에도 불구하고 현행 동물보호법의 처벌 수위는 여전히 낮은 수준에 머물고 있다. 법률상으로는 3년 이하의 징역 또는 3천만 원 이하의 벌금이 가능하나, 실제 재판에서는 대부분 벌금형이나 집행유예로 종결된다. 이는 가해자에게 경각심을 주지 못하고, 재범을 억제하는 효과도 거의 없다. 이러한 현실은 동물보호법이 실효성을 가지기 위해 처벌 수위의 실질적 강화가 반드시 필요하다는 점을 시사한다. 반복적이고 고의적인 학대 행위에 대해서는 실형이 선고될 수 있도록 징역형 적용을 확대해야 하며, 학대 전과자에 대해서는 일정 기간 반려동물 소유를 금지하거나 제한하는 제도를 도입할 필요가 있다.

또한, 동물학대는 때로 가해자의 정신적 문제나 충동조절 장애와도 연결되는 만큼, 가해자에게 정신치료와 분노조절 프로그램 이수를 의무화하는 방안도 함께 마련되어야 한다. 나아가 사건이 발생했을 때 신속하게 대응할 수 있는 전문 수사조직의 확보, 전담 부서의 설치등 체계적인 사법 집행 기반도 필요하다. 이러한 조치는 단순히 법적 제재를 강화하는 데 그치지 않는다. 이는 예방, 교육, 재발 방지의 차원에서 다층적인 접근을 가능하게 하고, 궁극적으로는 우리 사회가 생명을 대하는 태도를 근본적으로 바꾸는 기폭제가 될 수 있다. 반려동물 학대에 대한 처벌 강화를 통해 우리는 사회가 어디까지 윤리적으로 진보했는지를 보여줄 수 있으며, 생명을 존중하는 문화의 확산이라는 보다 넓은 가치를 실현할 수 있다.

 반려동물은 법적으로, 그리고 정서적으로 보호받아야 할 생명체다. 그럼에도 불구하고 여전히 곳곳에서 발생하는 학대 사건은 법의 한계와 사회적 무관심을 동시에 드러낸다. 이제는 단순한 동정이나 감정적 공분을 넘어, 실질적 법 개정과 제도 정비를 통해 반려동물의 생명을 지키는 구체적인 행동이 필요한 때다. 이는 생명에 대한 책임을 강화하는 동시에, 우리 사회의 윤리적 수준을 한 단계 끌어올리는 진정한 출발점이 될 것이다.

반려동물 학대, 법이 멈추면 윤리도 멈춘다

 반려동물은 오늘날 수많은 가정에서 가족 구성원으로 받아들여지고 있다. 그러나 이와 같은 인식 변화에도 불구하고, 반려동물 학대 사건은 여전히 빈번하게 발생하고 있으며, 그 수위와 형태는 점점 더 잔혹하고 조직화되는 경향을 보이고 있다. 이러한 현실 속에서 현행「동물보호법」이 과연 동물의 생명을 충분히 보호하고 있는지에 대한 근본적인 의문이 제기된다.

 현재 동물보호법은 동물 학대 행위에 대한 처벌 규정을 명시하고 있지만, 실제 법 집행에 있어서는 형량이 낮고 실형이 선고되는 경우는 드물다. 이로 인해 가해자에게 충분한 경각심을 주지 못하며, 반려동물 학대의 재발 가능성 또한 낮아지지 않고 있다. 이는 단지 동물의 권리 보호에 국한된 문제가 아니다. 사회적 안전망의 부재, 윤리 의식의 약화, 더 나아가 잠재적인 폭력 범죄로의 확산이라는 심각한 결과를 낳을 수 있는 구조적 문제다.
 학대 행위는 동물의 생명과 존엄성을 침해하는 행위이자, 사회 전반의 윤리 수준을 저해하는 중대한 범죄다.

실제로 많은 연구에서는 동물 학대가 인간 대상 폭력으로 이어질 가능성이 높다는 사실을 지적하고 있으며, 이는 공공 안전의 측면에서도 간과할 수 없는 문제다. 따라서 반려동물 학대에 대한 처벌 강화를 통해 가해자에게 명확한 경고를 주고, 생명 존중 문화를 제도적으로 뒷받침해야 한다.

이를 위한 첫 번째 과제는 '동물 학대'에 대한 정의를 보다 명확히 하는 일이다. 현행법에서는 학대의 범위가 모호하게 규정되어 있어, 일부 행위가 처벌 대상에서 빠지는 경우가 존재한다. 물리적 폭행뿐 아니라 정서적 방치, 고의적인 사육환경 파괴, 구조 요청 방해 등 다양한 형태의 학대 행위를 유형별로 세분화하고, 각 행위에 따른 처벌 기준을 명확히 설정함으로써 법 적용의 일관성과 실효성을 높여야 한다.

둘째로, 처벌 수위 및 제재 방식의 전면적 강화가 필요하다. 특히 반복적이고 고의적인 학대에 대해서는 징역형 이상의 실질적 형사처벌이 이루어져야 하며, 학대 전력이 있는 사람에 대해 반려동물 소유를 일정 기간 제한하거나 영구 금지하는 제도를 도입해야 한다. 가해자에 대해 심리 치료 및 분노조절 프로그램 이수를 의무화하고, 동물보호 기관에서의 사회봉사 명령을 부과함으로써, 단순한 처벌을 넘어 재범 방지와 인식 개선까지 아우르는 복합적 제재 구조를 구축해야 한다.

 셋째로, 이러한 법적 규제를 뒷받침할 수 있는 대응 시스템과 인프라 확충이 필요하다. 24시간 대응 가능한 동물학대 전용 신고 센터의 운영, 지자체 및 경찰 내 동물보호 전담 인력 배치, 보호소 및 입양 기관과의 협업 체계 강화 등, 구조적 대응력이 확보되어야 한다. 동시에 시민을 대상으로 한 동물복지 교육 프로그램을 제도화하고, 공공 캠페인을 통해 생명존중 의식을 확산시켜야 한다.

 결국 반려동물 학대는 단순히 동물에 대한 폭력을 넘어, 인간 사회의 윤리와 정의를 시험하는 중대한 사회적 문제다. 이를 해결하기 위해서는 단편적인 규제를 넘어선 다층적인 접근이 요구된다. 법적 처벌의 강화, 학대 행위의 명확한 정의, 신속 대응 인프라의 구축, 그리고 사회적 인식 개선이 종합적으로 작동할 때, 비로소 반려동물의 생명은 법과 사회로부터 보호받을 수 있다. 이제는 법이 먼저 생명을 존중해야 할 시간이다. 강력하고 체계적인 법적 장치를 통해, 반려동물과 사람이 함께 존중받는 사회, 생명과 윤리가 공존하는 공동체로 나아갈 수 있기를 기대한다.

반려동물 등록제의 효과와 한계, 그리고 개선 방향

반려동물 등록제는 2013년 1월 1일부터 대한민국에서 시행된 제도로, 반려동물의 유기와 유실을 방지하고 책임 있는 보호자 문화를 조성하기 위한 목적으로 도입되었다. 이 제도는 반려동물 보호자에게 등록 의무를 부여함으로써, 국가가 각 동물에 대한 정보를 체계적으로 관리하고 보호자 신원을 명확히 확인할 수 있도록 한다. 이를 통해 유실·유기된 반려동물의 신속한 회수, 학대 사건 추적, 보호자 책임 강화 등 다양한 정책 효과를 기대할 수 있다.

등록제를 통해 가장 뚜렷하게 나타난 성과는 유기 및 유실 동물의 회수율 증가이다. 등록된 동물은 신원이 확인되므로 분실 시 빠르게 보호자에게 돌아갈 수 있고, 그 과정에서 보호자 역시 반려동물에 대한 사회적 책임을 자각하게 된다. 또한 등록된 데이터는 반려동물의 수, 품종, 지역별 분포 등을 포함한 정책 기초 통계로 활용되어, 국가 차원의 동물복지 정책 수립에 활용된다. 이처럼 등록제는 단순한 관리 수단을 넘어 동물복지 행정의 핵심 기반이 된다.

그러나 현실에서 등록제는 여러 한계에 직면해 있다. 제도 시행에도 불구하고 유기동물 수는 여전히 높은 수준이며, 등록률 자체도 저조하다. 특히 고령층이나 농촌 지역의 경우 등록제에 대한 인식 부족으로 인해 제도가 제대로 작동하지 않는다. 게다가 미등록에 대한 단속과 처벌은 유명무실하고, 지자체마다 관리 기준이 달라 일관성이 부족하다. 반려동물의 분양, 이동, 사망 등 정보 변경 시 이를 신고하거나 갱신하는 절차도 거의 이루어지지 않아 데이터의 정확성에도 문제가 있다. 등록 시스템이 디지털화되지 않은 지역에서는 접근성 문제도 제기된다.

이러한 문제를 해결하고 등록제의 실효성을 높이기 위해서는 다음과 같은 개선책이 필요하다. 첫째, 미등록 시 실질적인 불이익을 부과하여 보호자들의 참여를 유도해야 한다. 공공장소나 대중교통 이용 시 등록 여부 확인 체계를 도입하는 것도 고려해볼 수 있다. 둘째, 등록 및 정보 갱신 절차를 모바일 앱 등을 통해 디지털화하여 편의성을 높이고, 병원·보호소·지자체 간 시스템을 연동해야 한다. 셋째, 반려동물 사망이나 소유자 변경 시 정해진 기한 내 정보 신고를 의무화하고, 지자체가 주기적으로 등록정보의 정확성을 점검하도록 해야 한다.

넷째, 등록에 대한 동기 부여 프로그램이 필요하다. 예방접종 할인, 의료비 지원, 반려동물 프로그램 우선 혜택 제공, 보험 연계 등을 통해 보호자들의 자발적인 등록 참여를 유도할 수 있다.

결론적으로 반려동물 등록제는 단순한 행정적 절차를 넘어, 동물복지와 사회적 책임을 실현하는 제도로 진화해야 한다. 등록률 제고, 시스템 개선, 정보 갱신 강화, 인센티브 도입 등이 종합적으로 이루어질 때, 비로소 반려동물과 사람이 함께 살아가는 공존 사회의 기반이 더욱 견고해질 수 있다. 등록제를 단지 '의무'가 아닌, 사회적 신뢰와 책임의 표식으로 인식하는 문화로의 전환이 필요한 시점이다.

PART 3

해외 사례로 보는 동물의 법적 지위 변화

01

동물도 권리를 갖는다 - 인식의 대전환

전 세계적으로 동물 권리에 대한 관심이 높아지고 있다. 이제는 동물도 고통을 느끼고 감정을 표현할 수 있다는 사실이 과학적으로 밝혀졌고, 사회에서도 이런 인식이 점점 널리 받아들여지고 있다. 미국은 이러한 흐름 속에서 동물의 법적 지위를 단순한 '재산'에서 '권리 있는 생명체'로 전환하려는 다양한 시도를 진행 중이다. 특히, 캘리포니아주와 뉴욕주는 선도적인 입법 활동을 통해 미국의 동물 복지 수준을 끌어올리고 있다.

캘리포니아: 입양이 기본, 강아지 공장은 금지

캘리포니아주는 2021년부터 「애완동물 구조 및 입양법(Pet Rescue and Adoption Act)」을 시행하고 있다. 이 법은 모든 애완동물 가게에서 판매하는 개, 고양이, 토끼가 반드시 보호소나 구조 단체 출신이어야 한다고 규정한다. 이는 '강아지 공장(puppy mills)'로 알려진 대규모 상업 번식장을 근본적으로 억제하기 위한 조치다. 윤리적인 입양 문화를 조성하고, 불필요한 번식을 줄이며, 유기동물 구조를 장려하는 법적 장치는 동물 보호에 실질적인 도움을 주고 있다. 단지 유기동물의 수를 줄이는 데 그치지 않고, 동물을 하나의 생명체로 존중하는 인식을 제도적으로 반영한 변화라는 데 그 의미가 크다.

뉴욕: 판매 금지에서 공연 금지까지

뉴욕주는 더 적극적인 방향으로 나아가고 있다. 2021년 통과된 법안 A4283에 따라, 2024년부터 애완동물 가게에서는 개, 고양이, 토끼의 판매가 전면 금지된다. 이로써 시민들은 보호소나 공인된 구조 단체를 통해서만 반려동물을 입양할 수 있게 된다. 또 하나 주목할 변화는 '코끼리 보호법(Elephant Protection Act)'이다. 뉴욕주는 2017년, 서커스와 쇼 등에서 코끼리의 사용을 금지한 미국 최초의 주가 되었다. 이는 동물을 단순히 오락 수단이 아닌, 고유한 생명으로 인정한 법적 선언이다.

현재 뉴욕주는 이 법의 적용 대상을 다른 동물 종으로도 확대하는 방안을 논의 중이다.

입법은 윤리 기준의 반영이자 촉진제

이러한 법적 변화들은 단순한 규제를 넘어, 사회의 윤리적 기준을 향상시키는 역할을 하고 있다. 캘리포니아와 뉴욕의 사례는 동물 보호가 선택이나 동정심의 대상이 아니라, 법이 보장해야 할 권리의 문제임을 천명한다. 이 변화는 동물 보호단체나 활동가들만의 목소리가 아닌, 사회의 다수 시민이 공유하는 윤리적 가치로 점차 자리 잡아가고 있음을 보여준다.

미래를 향한 시사점

동물의 법적 지위를 재정의한다는 것은, 결국 인간과 동물이 공존할 수 있는 사회 구조를 만들기 위한 시작이다. 이는 더 나은 반려동물 문화뿐 아니라, 농장 동물, 야생 동물, 실험 동물에 대한 전반적인 인식을 바꾸는 초석이 된다. 앞으로 미국 내 다른 주들도 유사한 입법 흐름을 따를 가능성이 높다. 이는 글로벌 동물 복지 기준을 한층 더 끌어올리는 데 기여할 수 있다.

　미국의 사례는 우리 모두에게 묻는다.
　"동물은 단지 우리가 돌보는 대상인가, 아니면 함께 살아가는 존재인가?" 그 해답을 법과 행동으로 보여주는 변화가 지금, 시작되고 있다.

동물 권리에 대한 패러다임 전환 – 법과 인식의 변화

 캘리포니아주와 뉴욕주의 최근 입법 변화는 미국 사회 전반에서 동물에 대한 인식이 변화하고 있음을 단적으로 보여주는 사례이다. 이는 단지 법률 조항의 수정이 아니라, 동물을 단순한 소유물이 아닌 감정 있는 생명체로 바라보는 시각의 전환을 의미한다. 이러한 진화된 인식은 동물에게 보다 인간적인 대우를 제공하고, 경제적 이익을 넘어선 본질적 가치를 인정하려는 움직임으로 이어지고 있다. 법률 개정은 동물 권리를 보다 폭넓게 반영하고, 사회의 윤리적 기준을 향상시키기 위한 수단이 되고 있다.

 캘리포니아와 뉴욕주의 입법 조치는 다른 주들에게도 유사한 조치를 고려하게 만드는 중요한 전환점이다. 이들 주는 상업적 번식업체에서 판매되는 동물을 규제함으로써 동물 학대의 근본 원인을 해결하고자 하였다. 동시에 보호소 동물의 입양을 장려함으로써 연간 수백만 마리의 동물이 안락사되는 보호소의 과밀 문제도 완화하고 있다. 특히, 뉴욕주의 엔터테인먼트용 동물 사용 금지 법안은 인간의 오락을 위해 동물을 착취하는 관행을 종식시키려는 중대한 조치이다. 이 법은 동물 공연에 의존하던 산업계에 경제적 충격을 줄 수 있다는 우려가 있으나, 오락을 위한 동물 착취에 대한 윤리적 문제는 결코 간과할수 없는 사안이다. 동물 권리와 복지에 대한 사회적 관심이 증가함에 따라, 이러한 형태의 오락에 대한 대중의 수요는 지속적으로 감소하고 있다. 결국 이러한 법은 변화하는 사회적 가치를 반영한 필연적인 조정이며, 인간 중심의 사고에서 벗어나 동물도 존중받아야 할 존재임을 확인시켜 준다. 하지만 이러한 입법 변화가 모든 문제를 해결하는 것은 아니다. 일부 비평가들은 이 법들이 애완동물 판매를 비공식적이고 규제되지 않은 시장으로 몰아갈 수 있다고 우려한다.

또한 동물 공연이나 번식업에 의존하는 일부 사업자들에게 과도한 부담을 줄 수 있다는 주장도 있다. 더불어, 현재의 법안들은 특정 형태의 동물 학대만을 제한적으로 다루고 있을 뿐, 모든 동물이나 모든 학대 행위까지 포괄하지는 못한다는 한계가 있다. 이는 향후 동물권 법제도의 지속적인 보완과 확대가 필요하다는 점을 시사한다. 결국 동물 권리에 대한 패러다임 전환은 단순한 제도의 변화가 아닌, 사회 전반의 윤리적 각성과 실천으로 이어져야 한다. 법은 그 시작일 뿐이며, 그 정신을 일상 속에서 구현해 나가는 것이야말로 진정한 변화라 할 수 있다.

동물법의 미래와 국제적 흐름

　미국의 동물법은 점차 동물을 감정적 존재로 인정하는 방향으로 진화하고 있다. 이는 동물을 단순한 재산으로 보던 기존의 법적 관점을 탈피하고, 생명권과 복지권을 부여하는 방향으로 움직이고 있다는 점에서 중요한 변화이다. 캘리포니아와 뉴욕주의 입법 변화는 이러한 진화를 주도하는 대표적 사례이다. 이들 주는 상업적 번식업체로부터의 반려동물 판매를 금지하고, 보호소 중심의 입양 문화를 장려함으로써 동물 복지를 실질적으로 개선하고 있다.

나아가, 뉴욕주의 경우에는 동물을 오락에 이용하는 행위를 법적으로 금지함으로써 인간 중심의 오락 문화에서 동물의 권리를 보호하려는 조치를 취하고 있다. 이러한 변화는 연방 차원의 입법으로 확장될 가능성을 시사하고 있다.

미국 전역에서 일관된 동물 보호 기준이 필요하다는 사회적 요구가 증가하고 있기 때문이다.

또한 농업, 의학 연구, 패션 산업 등 다양한 분야에서도 동물 복지를 고려하는 새로운 정책과 제도가 요구되고 있다. 궁극적으로 미국 사회는 동물을 독립된 권리와 필요를 가진 존재로 인식하는 방향으로 나아가고 있다.

독일 헌법에 명시된 동물 보호

독일은 2002년 헌법 개정을 통해 동물 보호를 국가의 의무로 명시하였다. 이는 세계적으로도 드문 사례로, 동물 보호를 국가 정책의 핵심 가치로 끌어올린 상징적인 조치이다. 독일의 이와 같은 헌법 개정은 동물에 대한 사회적 가치관의 변화를 법적으로 명확히 반영한 결과이다.

동물 보호에 대한 독일 사회의 관심은 19세기 후반부터 시작되었다. 산업화와 도시화가 급격히 진행되면서 동물 학대와 착취가 사회 문제로 대두되었고, 이에 따라 1972년 연방 차원의 동물보호법(Tierschutzgesetz)이 제정되었다. 이 법은 동물 실험, 사육, 운송 등에 대한 기본적인 규제를 포함하고 있었지만, 여전히 동물을 인간의 소유물로 보는 관점을 완전히 벗어나지는 못하였다. 1980년대 이후 환경 및 생태계에 대한 관심이 확대되면서, 동물 복지를 둘러싼 사회적 인식도 함께 변화하였다. 동물 실험의 윤리성, 공장식 축산, 반려동물의 복지 등 다양한 문제가 공론화되었고, 이에 따라 헌법 차원의 법적 보호 필요성이 본격적으로 논의되었다.

결과적으로, 독일은 동물 보호를 국가의 기본 의무로 삼고, 모든 법률 제정과 정책 수립에 있어 동물 복지를 고려할 수 있는 법적 토대를 마련하였다. 이는 동물 복지를 단순한 제도 개혁을 넘어서 윤리적 기준의 재정립이라는 점에서 의미가 크다.

법은 인식의 반영이며, 인식은 진화를 이끈다

미국과 독일의 사례는 동물 권리에 대한 법적·사회적 인식이 어떻게 변화하고 있으며, 그 변화가 실제 제도에 어떤 영향을 미치고 있는지를 명확하게 보여준다. 앞으로의 동물법은 더욱 정교하고 포괄적인 방향으로 진화할 것이며, 이는 인간과 동물이 공존하는 사회를 실현하는데 중요한 역할을 하게 될 것이다. 동물은 단순한 소유물이 아니라 함께 살아가는 생명이다. 법은 그러한 인식을 제도적으로 구현하는 장치이며, 사회가 변화하는 만큼 법도 끊임없이 변화해야 한다.

동물 보호 - 독일 사례를 중심으로

2002년, 독일 연방의회는 헌법인 기본법(Grundgesetz) 제20a조를 개정하여 동물 보호를 명시하였다. 개정된 조항은 "국가는 미래 세대를 위하여 자연적 생활의 기초와 동물을 법률과 정의에 따라 보호한다."는 내용을 담고 있다. 이는 독일 사회와 법 체계에 있어 매우 중대한 전환점을 의미한다.

첫째, 동물 보호가 국가의 헌법적 의무로 규정됨으로써, 모든 입법, 행정, 사법 기관은 동물복지를 반드시 고려해야 한다. 이는 동물 복지가 다른 국가적 이익과 충돌할 경우에도 헌법상의 근거에 의해 우선적으로 고려될 수 있는 법적 지위를 확보하였다는 것을 의미한다.

둘째, 이 조항은 동물을 감각 있는 존재로 인정하고, 그 복지를 보호해야 한다는 사회적 합의를 헌법에 반영한 결과이다. 이는 동물을 단순한 재산이나 자원이 아닌, 고유한 가치를 지닌 생명체로 바라보는 관점을 강화하고 있다.

이러한 인식은 교육, 문화, 미디어 등을 통해 사회 전반에 확산되고 있으며, 동물 학대에 대한 윤리적 민감성을 높이는 데 기여하고 있다.

셋째, 헌법에 명시된 동물 보호는 사법부의 판결에도 직접적인 영향을 미치고 있다. 법원은 동물 관련 분쟁에서 동물 복지를 핵심적인 판단 기준으로 삼고 있으며, 실제로 동물 학대 사건에서는 보다 엄격한 판결이 내려지고 있다.

법적 지위와 정책적 변화

독일은 헌법 개정을 계기로 동물 복지를 실현하기 위한 다양한 법률과 정책을 적극적으로 추진하고 있다.

동물 실험에 대한 엄격한 규제

동물 실험은 법적으로 여전히 허용되지만, 대체 방법이 존재할 경우에는 반드시 이를 우선 적용해야 한다. 동물 실험이 불가피한 경우에도 고통을 최소화할 의무가 있으며, 모든 실험은 윤리위원회의 심사를 거쳐야 한다. 이는 과학 연구의 자유와 동물 복지 사이에서 균형을 찾기 위한 제도적 장치이다.

공장식 축산의 제한

공장식 밀집 사육으로 인해 발생하는 동물의 스트레스와 질병을 줄이기 위한 법률이 제정되었다. 이는 축산업계에 경제적 부담을 초래하지만, 결과적으로는 윤리적으로 생산된 식품에 대한 소비자의 신뢰를 높이는 긍정적 효과를 가져오고 있다.

동물 운송 규제 강화

장거리 운송 시 동물이 겪는 고통을 줄이기 위해 운송 시간과 휴식 시간에 대한 엄격한 규제가 도입되었다. 운송 차량의 설비 기준과 운송 중 동물 취급 방식에 대한 교육도 법적으로 의무화되어 있다. 이로써 동물 운송 과정에서 발생하는 복지 침해를 최소화하고 있다.

동물의 법적 주체로서의 가능성

현재 독일 내에서는 동물을 법적 권리의 주체로 인정해야 한다는 논의가 활발히 진행되고 있다. 일부 법학자들과 동물 보호 단체는 동물에게 일정한 법적 권리를 부여해야 한다고 주장하고 있으며, 이는 동물 복지 법제를 보다 근본적으로 강화하기 위한 시도로 평가된다.

 아직 법적으로 완전히 수용된 개념은 아니지만, 이러한 논의는 사회적 인식을 높이고 제도 개선을 촉진하는 중요한 동력이 되고 있다. 동시에, 일반 시민을 대상으로 한 교육과 인식 개선 캠페인도 활발하게 전개되고 있다. 학교 교육 과정에는 동물 복지와 윤리적 소비가 포함되어 있으며, 다양한 매체와 시민 단체를 통해 동물 권리 인식 향상을 위한 활동이 이어지고 있다. 이는 법적 조치와 더불어 사회 문화적 기반을 강화하는 데 결정적인 역할을 하고 있다.

 결론적으로 독일은 동물 보호를 헌법에 명시함으로써 동물 복지를 법률, 정책, 사회 문화 전반에 걸쳐 통합적으로 강화하고 있다. 동물은 더 이상 인간의 소유물이 아니라, 존엄한 생명체로서의 법적 지위와 보호를 받을 권리가 있다. 독일의 사례는 다른 나라들에게도 법적, 윤리적 변화의 방향을 제시하고 있다.

국제 사회의 동물 권리 패러다임 전환 – 독일과 프랑스의 사례

2002년, 독일은 기본법 제20a조 "*Der Staat schützt auch in Verantwortung für die künftigen Generationen die natürlichen Lebensgrundlagen und die Tiere im Rahmen der verfassungsmäßigen Ordnung…*"를 개정하여 동물 보호를 헌법에 명시하였다. 이는 독일이 동물 복지를 국가의 기본 의무로 격상시킨 중대한 법적 조치다. 국제 사회에도 강력한 영향을 미치고 있다. 개정 조항은 "국가는 미래 세대를 위하여 자연적 생활의 기초와 동물을 법률과 정의에 따라 보호한다."고 규정하고 있다.

유럽연합(EU)도 리스본 조약을 통해 동물을 "감각이 있는 존재"로 정의하고 있으며, 회원국은 법률과 정책 수립 시 동물 복지를 고려해야 한다. 이는 동물 복지가 더 이상 개별 국가의 선택이 아닌, 유럽 차원의 공공 의제로 부상하고 있음을 보여준다. 독일은 헌법 개정을 통해 동물 복지를 국가 정책, 법률, 사법 판단에 있어 핵심 기준으로 삼을 수 있는 법적 기반을 마련하였다. 이는 동물 학대와 복지 침해를 예방하고 제재하는 데 효과적인 수단으로 작용하고 있다.

더 나아가 이는 사회 전반의 인식 변화를 유도하며, 윤리적 기준의 재정립을 의미한다. 동물을 감정과 의식을 지닌 존재로 인정하고 복지를 보호하는 것은 인간의 도덕적 책임이자, 생태계의 균형과 지속 가능한 발전을 위한 필수 과제이다. 독일의 사례는 다른 국가들에게도 법적·정책적 변화를 촉진하는 교훈을 제공하고 있다. 특히 교육, 문화, 시민사회의 참여를 기반으로 사회적 합의를 형성해 나가는 노력이 중요하다.

프랑스: 동물을 감정 있는 존재로 인정한 법적 변화

프랑스는 2015년, 민법 개정을 통해 동물을 "감정을 지닌 살아 있는 존재"로 법적으로 인정하였다. 이는 프랑스 사회와 법체계에서 동물에 대한 시각을 근본적으로 전환하는 계기가 되었다. 개정 이전까지 프랑스 민법은 동물을 '동산(movable property)'으로 간주하였다. 동물은 가구나 자동차와 같은 물건과 동일한 법적 지위를 가지고 있었다. 이에 따라 동물 학대나 부당한 대우에 대한 법적 제재도 재산 손괴 수준에 머물렀다. 동물 자체의 고통은 법률적으로 고려되지 않았고, 학대 행위에 대한 처벌은 미약하였다.

예컨대, 누군가가 타인의 반려동물을 학대하였을 경우 이는 재산에 대한 침해로 간주되었으며, 피해 대상은 동물이 아닌 그 소유자였다. 이는 동물의 고통이나 복지를 법적으로 인정하지 않는 구조였다. 결과적으로 동물 학대에 대한 사회적 경각심도 충분히 제고되지 못하였다.

이러한 문제의식은 동물 보호 단체, 시민 사회의 지속적인 캠페인과 요구로 이어졌고, 민법 개정이라는 실질적인 결과를 도출하였다. 동물의 감정과 복지를 인정하는 법률은 단순한 조항 수정이 아닌, 사회 전체의 가치관 변화를 상징하는 사건이었다. 프랑스의 법 개정은 동물 복지의 법적 지위를 강화하고, 법원에서의 해석과 처벌 수위를 높이는 근거로 작용하고 있다. 동시에 이는 시민들에게 동물을 존중하는 윤리적 행동 기준을 제시하며, 교육과 정책, 미디어등 다양한 분야에서 인식 개선의 계기가 되고 있다.

감정 있는 존재로서 동물을 바라보는 시대

독일과 프랑스의 사례는 동물 권리에 대한 국제 사회의 패러다임 전환을 단적으로 보여준다. 두 나라는 각각 헌법과 민법이라는 최고 법률 체계 안에서 동물의 지위를 재정의하였다.

이는 단순한 법률 개정이 아니라, 동물을 생명체로 존중하고 감정 있는 존재로 인정하는 윤리적 선언이다. 이제 동물은 인간의 소유물이 아니라, 고유한 권리와 복지를 지닌 존재로서 보호받아야 한다. 법과 정책, 교육과 문화, 그리고 시민의식은 이러한 변화의 기반이 되어야 한다. 국제 사회는 이제 동물 복지를 인류 공동의 과제로 인식하고, 보다 정의롭고 지속 가능한 사회를 위해 협력해야 할 때이다.

구분	독일	프랑스
주요 법 개정 시점	2002년- 헌법 제 20a조 개정	2015년 민법 개정
법 조항 내용	"국가는 자연적 생활의 기초와 동물을 법률과 정의에 따라 보호한다."	동물을 "감정을 지닌 살아 있는 존재"로 명시
법적 지위 변화	동물 보호를 국가의 헌법적 의무로 규정	동물의 법적 지위를 '동산' → 감정 존재로 변경
영향 범위	입법, 행정, 사법 전 분야에 동물 복지를 고려할 의무 발생	민법 해석, 동물 학대에 대한 법 적용과 처벌 기준에 직접 영향
주요 제도 변화	- 동물 실험 규제 강화- 공장식 축산 제한-동물 운송 규제 강화	- 학대 사건 처벌 강화- 동물 권리 중심의 정책 논의 촉진
국제적 영향	EU 전체에 동물 복지 법제화 확산 촉진 다른국가의 헌법/법률 개정에 영향	유럽 국가들의 민법 개정 및 동물 법적 지위 논의에 자극
사회적 인식 변화	동물 = 감각과 권리를 지닌 존재로 간주, 윤리적 소비 및 교육 강화	동물 = 보호 대상에서 권리 주체로 인식 확대
시민 참여 교육	학교 교육과 시민 캠페인 확대, 미디어를 통한 인식 개선	보호 단체 및 시민 사회의 지속적 요구 반영공공 교육 강화

02

프랑스 동물 법 개정의 그늘과 빛

산업계, 법 집행, 그리고 향후 과제

프랑스가 2015년 민법 개정을 통해 동물을 감정을 지닌 존재로 법적으로 인정한 지 시간이 흐르면서, 그 영향력은 사회 전반에 걸쳐 가시화되고 있다. 법 개정은 단지 선언적 조치에 그치지 않고, 산업, 법 집행, 사회 인식 등 다양한 영역에 실질적 변화를 요구하고 있다. 그러나 그 변화의 폭과 깊이는 여전히 과제로 남아 있다.

1. 산업계에 미친 영향: 윤리와 경제의 균형

프랑스의 법 개정은 동물을 사용하는 산업 전반에 중요한 전환점을 가져왔다. 농업, 축산업, 식품 산업, 실험 연구 등은 기존과는 전혀 다른 기준과 규제를 마주하게 되었다.

축산업의 변화

동물의 생활 환경 개선이 법적으로 요구되면서, 사육 공간 확대, 자연 행동이 가능한 시설 설비, 고통을 줄이는 도축 방식 등이 도입되었다. 이는 당연히 생산비 증가로 이어졌지만, 윤리적 소비를 중시하는 소비자들의 요구와 맞물리며 새로운 시장 경쟁력 요소가 되었다.

연구 분야의 변화

의료 및 과학 연구에서는 동물 실험의 윤리 기준이 강화되었다. 실험 동물의 고통을 줄이기 위한 기술이 개발되었고, 가능한 경우 동물 대체 실험법이 권장되었다. 이는 연구 환경에 변화를 주는 동시에, 국제 윤리 기준에도 부합하는 조치로 평가받고 있다.

산업계의 부담과 정부의 대응

일부 산업계에서는 새로운 기준에 적응하는 데 경제적·행정적 부담을 호소하였다. 이에 대해 프랑스 정부는 지원 프로그램, 세제 혜택, 전환 교육 등을 통해 산업계의 적응을 유도하고 있다. 법과 산업이 충돌하지 않도록 협력 기반의 조정 체계가 점차 강화되고 있는 것이다.

2. 법적 인정의 한계와 시행상의 문제

법 개정은 상징적으로 강력한 메시지를 담고 있지만, 현실적 실행에서 여러 한계점과 비판도 존재한다.

법 집행의 한계

법 개정 이후에도 현장에서는 법 집행이 미비하다는 비판이 제기되고 있다. 인력과 예산 부족으로 인해 동물 학대 사건에 대한 신속하고 일관된 대응이 어렵다는 점이 문제다. 즉, 법은 있지만 감시와 처벌 체계가 약하다.

해석의 불명확성

"감정을 지닌 존재"라는 규정은 그 자체로는 강력하지만, 이를 어떻게 구체적으로 판단하고 적용할 것인가에 대한 기준의 모호성이 문제다. 법원마다 판결이 다르게 나올 수 있으며, 분쟁 발생 시 예측 가능성이 떨어지는 경향이 있다.

사회 인식의 이중성

법은 바뀌었지만, 여전히 일부 시민은 동물을 물건처럼 대하거나 학대의 심각성을 인식하지 못하고 있다. 문화적·정서적 인식 개선은 아직 충분히 확산되지 않은 상황이다.

3. 향후 과제: 지속 가능한 동물 복지를 위하여

프랑스의 사례는 동물 복지의 법적 전환을 잘 보여주는 모델이지만, 지속가능성과 실효성을 위해 다음과 같은 과제가 남아 있다.

첫째, 법적 제도의 정비
감정 있는 존재라는 개념을 실제로 적용할 수 있는 구체적인 시행령과 지침이 필요하다. 이를
통해 법 해석의 일관성을 높이고, 현장 집행력을 확보해야 한다.

둘째, 교육과 인식 개선
법만으로는 충분하지 않다. 학교 교육, 대중 캠페인, 미디어 등을 통해 동물 복지에 대한 시민의식을 높이는 작업이 병행되어야 한다. 어린 시절부터 생명 존중을 교육받는 사회는 더욱 윤리적인 미래를 만든다.

셋째, 산업계와의 협력 강화

기업과 정부는 대립 관계가 아니라 협력 관계로 전환해야 한다. 동물 복지를 고려한 제품에 프리미엄을 부여하거나 인증 제도를 확대함으로써, 경제적 유인도 동시에 마련해야 한다.

넷째, 국제적 기준 마련

동물 복지는 국경을 넘는 문제이다. 국제기구 및 인접 국가들과 협력하여 공통 기준과 정책을 마련하고, 글로벌 동물 보호 체계를 구축할 필요가 있다.

결론: 법의 변화, 사회의 진보

프랑스의 민법 개정은 동물 복지 역사에 있어 분명한 진보의 이정표이다. 그러나 진정한 변화는 법률의 문장 너머, 사회 전반의 행동과 인식에 달려 있다. 동물을 보호하는 것은 단지 감정적 선택이 아닌, 인간 사회의 윤리적 성숙을 가늠하는 척도이다. 이제는 전 세계가 함께 나아가야 할 때다. 동물과 인간이 공존하며, 고통을 줄이고 존엄을 지키는 사회를 만들기 위한 다음 발걸음이 필요하다.

03

스위스의 동물 복지법 강화

스위스는 전통적으로 자연과 생명을 존중하는 문화가 뿌리 깊은 국가이다. 이러한 정서는 법률에도 반영되어, 동물을 감정과 의식을 지닌 존재로 법적으로 인정한 세계 최초의 국가 중 하나가 되었다. 특히 1992년 헌법 개정과 2005년 동물복지법의 제정은 스위스를 동물 복지의 선진국으로 자리매김하게 한 핵심 전환점이다.

1. 동물 복지의 뿌리: 역사적 배경

스위스에서 동물 복지에 대한 관심은 19세기 말부터 본격적으로 시작되었다. 초기 동물 보호 단체들의 활동은 동물 학대에 대한 경각심을 불러일으키며 법 제정의 필요성을 강조했다. 가장 주목할 만한 변화는 1992년 헌법 개정이다. 이 개정을 통해 스위스는 동물을 더 이상 '물건'으로 보지 않고, 생명체로 법적으로 인정하였다. 이 조치는 단지 법률적 구분 이상의 의미를 지녔다. 즉, 인간의 편의를 위한 대상이 아니라, 법적으로 고려해야 할 도덕적 존재로서의 지위를 부여받은 것이다.

2. 2005년 동물복지법: 복지의 새로운 기준 제시

스위스는 2005년, 동물 복지 기준을 한층 강화한 신규 동물복지법(Tierschutzgesetz)을 제정하였다. 이 법은 2008년부터 시행되었으며, 동물 사육, 운송, 도살 전 과정에 걸친 규정을 포함하고 있다.

▷ 애완동물 사육 기준
반려동물 주인은 동물의 생리적·행동적 욕구를 충족시켜야 하며, 이를 위한 교육 이수가 의무화되었다. 사회성이 강한 동물(예: 기니피그)은 최소 두 마리 이상 함께 사육해야 하며, 외로움이나 스트레스로부터 보호받아야 한다. 어류도 포함된다.
 예를 들어, 금붕어를 투명한 어항에 혼자 사육하는 행위는 금지되어 있다.

▷ 농장동물과 실험동물 보호
사육 공간을 넓히고 자연 행동을 할 수 있는 환경 조성이 법적으로 요구된다. 동물 실험은 대체 방법이 없는 경우에 한해 허용되며, 실험 중 고통을 최소화하기 위한 조치가 법으로 명시되어 있다.

3. 법적 지위 변화: 동물에게도 권리가 있다

스위스 법은 동물을 감정과 의식을 지닌 존재로 명확히 규정하고 있으며, 이에 따라 인간은 동물에 대한 법적·도덕적 책임을 지게 되었다.

▷ 법적 대리인 제도

특이한 점은, 법적 분쟁에서 동물의 이익을 대변할 수 있는 '동물 대리인(Tieranwalt)' 제도가 운영된다는 것이다. 이는 동물 복지의 법적 실현 가능성을 높이는 실질적인 장치로 평가된다.

▷ 재산이 아닌 존재

동물은 더 이상 '소유물'이 아니기 때문에, 재산권 분쟁에서도 동물의 복지를 고려한 판결이 이루어진다. 예를 들어, 이혼 시 반려동물의 양육권 문제도 동물의 입장에서 결정될 수 있다.

4. 동물 복지에 미친 영향

스위스의 법 개정은 단지 상징적 선언에 그치지 않고, 실질적인 복지 향상으로 이어졌다. 농장 동물은 쾌적한 환경과 건강한 사육 조건에서 생활하게 되었고, 이는 스트레스와 질병 감소로 이어졌다. 실험 동물의 사용은 윤리적 기준과 법적 규제에 따라 엄격히 제한되었으며, 대체 실험법 개발에 국가 차원의 투자도 이루어졌다. 반려동물의 경우, 주인의 의무와 책임이 강조되며, 교육 및 인식 개선이 동반되었다.

5. 결론: 스위스가 세계에 던지는 메시지

스위스의 동물복지법은 단지 한 국가의 제도적 진보가 아니다. 그것은 "동물은 단순한 생존의 대상이 아니라, 함께 살아가는 존재"라는 인류의 윤리적 기준을 제시하는 선언이다. 이러한 법적·사회적 변화는 인간과 동물의 관계를 재정립하고, 법이 생명 존중과 도덕성을 담보할 수 있는 방향으로 나아가야 한다는 전범을 제공한다. 앞으로 더 많은 국가들이 스위스를 본보기로 삼아 동물의 권리와 복지를 위한 실질적인 제도 변화를 이루어가길 기대한다.

호주의 야생 동물, 법의 보호를 받다

호주는 고유의 생태계를 지닌 나라다. 캥거루, 코알라, 웜뱃 등 세계 어디에서도 볼 수 없는 독특한 야생 동물들은 단지 자연의 일부를 넘어 호주 정체성의 상징이며, 관광산업과 지역 경제의 핵심 축이기도 하다. 하지만 기후 변화, 도시 확장, 산불 등의 환경 위협으로 인해 이들의 생존이 점점 더 위태로워지고 있다. 이에 호주는 야생 동물 보호를 위한 법적 지위 강화와 보호 정책을 체계적으로 추진하며, 생태계 보존과 공존의 모델을 만들어가고 있다.

1. 환경 보호의 핵심 축:「EPBC 법」의 강화

「환경 보호 및 생물 다양성 보존법 1999 (EPBC Act)」은 호주 연방정부 차원의 대표적인 환경 법률이다. 이 법은 단지 멸종 위기종만을 다루는 것이 아니라, 생물 다양성 전반과 관련한개발행위 전반을 포괄하는 규제 체계를 갖추고 있다.

▷ 핵심 내용

멸종 위기종이 서식하는 지역에서 개발할 경우, 사전 환경 영향 평가(EIA) 의무화
기후 변화 요인 반영을 위한 법 개정 단행
대형 개발 프로젝트에 대한 생태계 보전 기준 강화
보존 가치의 정량적 평가 기준 마련 → 개발과 보전의 균형 강조
이러한 법적 기반은 야생 동물의 생존권을 개발보다 우선 고려해야 할 가치로 전환시키고 있다.

2. 생태와 안전을 잇는 다리: 야생 동물 도로 보호 정책

야생 동물들이 도로를 건너다 사고를 당하는 사례는 매년 수십만 건에 달한다. 이는 단지 교통사고 문제를 넘어서, 특정 종의 개체 수 감소로 이어질 수 있는 심각한 생태학적 위협이다.

▷ 정책 대응

도로 아래·위 생태통로(Eco-passage) 설치: 야생 동물의 이동 경로를 자연스럽게 연결
야생 동물 출몰 지역 경고 표지판 및 속도 제한 강화
야간 통행 제한, 센서 기반 경고 시스템 등 기술 활용 확대
이러한 조치는 단지 동물 보호를 넘어서, 도로 안전과 생태계 보전이라는 두 가지 목표를 조화롭게 달성하고 있다.

3. 코알라 보호구역 지정: 상징을 지키기 위한 선택

2022년, 호주 정부는 뉴사우스웨일스(NSW)와 퀸즐랜드의 일부 지역을 '코알라 보호구역'으로 공식 지정했다.

▷ 구체 조치
벌목, 토지 개간, 개발 행위 엄격 제한
서식지 복원 사업 확대: 나무 식재, 연결 통로 구축 등
질병 감시 및 건강 모니터링 체계 구축
지역 주민 및 NGO와 협력 사업 확대

코알라 보호 정책은 국제적으로도 상징성 높은 종을 지키는 성공적인 정부 개입 사례로 평가받고 있다.

4. 멸종 위기 종 복원 프로그램: 과거의 생태계를 회복하다

서호주의 누멜라 지역에서는 기존 생태계를 되살리기 위한 종 복원 프로젝트가 실행 중이다.

▷ 프로그램 구성
외래 포식자(예: 유럽 여우) 제거
토착 동물의 재도입 및 보호
원주민과 협력한 생태지식 결합 전략: 전통적 생태 관리 기법 + 현대 과학 기술
서식지 복원, 개체 수 증가, 생태계 균형 회복을 종합적으로 추구
이러한 방식은 인간-자연-문화가 결합된 지속가능한 생태 복원 전략으로 주목받고 있으며, 타국의 정책 개발에도 영향을 미치고 있다.

5. 야생 동물과 공존하는 사회로

호주의 사례는 명확한 메시지를 던진다. "야생 동물 보호는 단지 환경운동이 아니라, 인간과 자연이 함께 지속가능한 미래를 만들어가는 법적·문화적 약속이다." 동물의 법적 지위를 강화하고, 실질적인 보호 조치를 도입하는 것은 도덕적 책무이자 생태계 전체를 위한 투자이다. 앞으로도 호주의 경험은 전 세계가 생물 다양성과 공존의 길을 모색할 때 중요한 길잡이가 될것이다.

야생 동물 보호는 모두의 책임
시민 사회와 국제 협력이 만든 변화

호주는 풍부한 생물 다양성을 지닌 나라로, 코알라와 캥거루 같은 상징적 동물들이 단순한 생물종을 넘어 국가의 문화적 아이콘이자 관광산업의 핵심 자산으로 자리잡고 있다. 그러나 도시화, 기후 변화, 서식지 파괴 등으로 인해 야생 동물들은 심각한 위협에 직면하고 있으며, 이는 인간 사회의 책임과 대응을 요구하고 있다. 이런 맥락 속에서 주목할 점은, 야생 동물 보호가 정부 주도 정책만으로는 충분하지 않다는 사실이다. 오히려 시민 사회와 국제 협력의 연대와 실천이 실제적인 변화를 만들어내고 있다는 점에서, 그 역할은 더욱 주목할 만하다.

1. 시민 사회의 참여: 행동하는 양심의 실천

호주의 야생 동물 보호 정책을 뒷받침하는 가장 강력한 축 중 하나는 시민 단체의 지속적인 참여이다.

▷ 활동 범위와 영향력

세계자연기금(WWF), WIRES, Humane Society International 등 시민 단체들은 보호 캠페인, 기금 모금, 서명 운동을 통해 정책에 실질적 영향을 미치고 있다. 교육 자료 배포, 학교 연계 프로그램 등을 통해 대중의 인식을 개선하며, 보호 종에 대한 공감대를 확산시키고 있다. 지역 커뮤니티와의 협업으로 지속 가능한 관행(eco-friendly practices) 도입을 유도하고, 생태적 책임감을 지역 사회에 내재화하고 있다.

▷ 시민 참여의 효과

시민 사회의 참여는 단순한 '보조적 역할'이 아니라, 정책 결정에 대한 압력과 여론 형성의 동력이 되고 있다. 이는 정치적 의지와 법적 실행력의 기저가 되는 사회적 지지 기반을 형성하며, 야생 동물 보호의 실효성을 높이는 데 결정적이다.

2. 국제 협력: 국경을 넘는 생물 다양성 보호

야생 동물 보호는 국지적인 문제가 아니다. 특히 불법 밀렵과 국제 거래는 국경을 초월한 문제로, 국제적인 공조 없이는 대응이 어렵다.

▷ 호주의 국제 협력 사례

호주는 「멸종 위기에 처한 야생 동식물의 국제 거래에 관한 협약(CITES)」에 적극 참여하고 있으며, 이를 통해 불법 거래 차단과 국제 공동 단속 활동에 앞장서고 있다. 기후 변화, 생태계 파괴, 침입종 확산 등에 대응하기 위한 과학적 연구 협력을 다양한 국가들과 추진 중이다.

국제 NGO 및 연구기관과의 파트너십을 통해 공유 데이터베이스 구축, 보호 전략 공동 개발, 기술 이전 등을 활발히 진행하고 있다.

▷ 국제 협력의 의의

이러한 협력은 단순한 외교적 제스처가 아닌, 실질적 보호 전략의 글로벌 확산을 위한 플랫폼 역할을 한다. 동시에 호주의 사례가 타국의 정책 수립에 있어 벤치마킹 대상이 되는 선순환을 창출하고 있다.

3. 결론: 모두가 연결된 생태계의 일원으로서

 호주의 야생 동물 보호 시스템은 법적 장치, 정책 조치, 시민 참여, 국제 협력이라는 네 축이 유기적으로 작동하면서 진화를 거듭해 왔다. 특히 코알라 보호구역 지정, 생태통로 설치, EPBC 법 강화와 같은 제도적 진보는 전 세계적으로 모범 사례로 주목받고 있다. 그러나 여전히 해결되지 않은 과제도 많다. 기후 변화에 따른 서식지 변화, 산불로 인한 대규모 개체 수 손실, 외래종 침입 문제 등은 새로운 형태의 위협으로 다가오고 있다.

 야생 동물 보호는 더 이상 일부 전문가나 정부의 책임이 아니다. 모든 시민이 '함께 살아가는 생명'에 대한 존중과 책임을 실천하는 과정이다. 우리가 오늘 어떤 선택을 하느냐에 따라, 내일의 생태계와 인류의 삶이 결정된다. 동물 보호는 자연을 위한 것이 아니라, 결국 인간을 위한 것이다. 이제는 각자의 자리에서 할 수 있는 행동을 고민하고 실천할 때다. 그것이 우리가 생명을 대하는 태도이자, 지구의 미래를 선택하는 길이다.

04

캐나다의 법적 지위 변화와 사회의 힘

한 사회가 동물을 어떻게 대우하는지는 그 사회의 윤리 수준을 가늠하는 척도다. 캐나다는 최근 몇 년 사이 동물의 법적 지위에 대해 중대한 변화의 흐름을 보이고 있다. 동물을 단순한 재산으로 보는 오래된 법적 정의에서 벗어나, 감정과 의식을 지닌 생명체로 인정하려는 방향으로 나아가고 있다. 이러한 변화의 중심에는 놀랍게도 정부가 아닌 '시민'이 있었다. 동물 복지를 위해 헌신해온 시민 단체와 개인의 노력은 법률 개혁을 이끌고 사회 전반의 인식을 바꾸는 데 핵심적인 역할을 해냈다.

1. 왜 동물의 법적 지위가 변해야 했는가

오랫동안 캐나다를 포함한 대부분의 국가에서 동물은 법적으로 '재산'에 불과했다. 하지만 이는 동물이 고통과 감정을 느낄 수 있는 존재라는 과학적·윤리적 사실을 반영하지 못하는 낡은 틀이었다

윤리적 정당성: 피터 싱어의 『동물 해방』을 비롯한 철학적 논의는 동물 역시 도덕적 고려의 대상이 되어야 함을 강하게 주장해왔다. 과학적 증거: 동물의 사회적 행동, 감정 반응, 학습 능력에 대한 연구들은 그들이 단순한 기계가 아님을 명확히 보여준다.

국제 기준의 압력: 유럽과 뉴질랜드 등에서 동물의 법적 지위를 개선하는 법률들이 제정되면서, 캐나다 내에서도 변화에 대한 압박이 높아졌다. 이러한 배경은 동물 학대 사건을 계기로 더욱 힘을 얻었고, 점점 더 많은 시민들이 "이대로는 안 된다"는 목소리를 내기 시작했다.

2. 시민 단체의 전략적 개입

변화를 이끈 핵심 세력은 시민 사회였다. 애니멀 저스티스(Animal Justice)와 휴메인 캐나다(Humane Canada)를 비롯한 수많은 단체와 개인은 다양한 방식으로 공공 여론과 법률 체계에 영향을 미쳤다.

▶ 법의 빈틈을 메우는 '동물의 목소리'
애니멀 저스티스는 법정에서 동물의 입장을 대변하고, 실질적인 사건에 개입해 동물 복지를 강화할 수 있는 판례를 만들어 가고 있다. 휴메인 캐나다는 전국 단위의 연대 네트워크를 통해 정보 공유, 입법 로비, 공공 캠페인을 조직하며 정책에 실질적 영향을 주고 있다.

▶ 대중 캠페인과 정치 압박
대규모 온라인 서명 운동, SNS 캠페인, 교육 콘텐츠 배포 등을 통해 수만 명의 지지를 모아 정치권에 압력을 가하였다. 입법 청문회에 참여해 전문적인 증언을 제공하고, 법안 초안 작성에 자문을 제공함으로써 제도 변화의 기반을 다졌다. 이러한 활동은 단순한 '의견 개진'을 넘어, 실제 법률 개정이라는 결과로 이어졌다.

3. 현실이 된 변화: 퀘벡과 연방의 법 개정

▸ 퀘벡: 감정 있는 존재로의 법적 승격 (2015)
『동물의 법적 상황 개선을 위한 법안』 통과
동물을 단순한 재산이 아닌 "감정이 있는 존재"로 법적으로 인정
학대 처벌 강화 및 소유자의 책임 확대

▸ 캐나다 연방 법률: C-84 법안 통과 (2019)
동물 간 싸움 조직 및 참여 금지
동물 학대에 대한 처벌 범위와 수위 강화
시민 단체들의 로비와 사회적 압박이 반영된 결과
이러한 변화는 법제도와 시민 여론이 어떻게 상호작용하며 발전할 수 있는지를 보여주는 교과서적 사례로 평가된다.

4. 앞으로의 과제와 전망

법 개정은 끝이 아니라 시작이다. 캐나다 사회는 여전히 해결해야 할 문제들과 마주하고 있다. 전국적 통일성 부족: 주마다 법적 기준이 다르기 때문에, 연방 차원의 일관된 동물 복지 기준 마련이 필요하다.

현장 집행력 강화: 법이 바뀌었어도, 이를 집행할 인력과 체계가 따라가지 못하면 의미가 없다.

교육과 문화 정착: 법률 이전에 문화가 변해야 한다. 학교 교육과 언론 보도를 통한 인식 변화가 필수적이다.

'시민'이 만든 변화, '사회'가 이어가야 한다

캐나다의 동물 복지 변화는 국가가 아닌 시민이 먼저 움직인 변화였다. 그 시작은 학대 영상을 보고 분노한 사람들, SNS에 목소리를 낸 시민들, 그리고 포기하지 않고 법정에서 싸운 이들이었다. 이제 이 변화는 제도 속에 뿌리내리기 시작했다. 하지만 완전한 전환을 위해선 지속적인 시민의 참여, 법의 집행력 강화, 교육과 문화의 변화가 병행되어야 한다. 동물에게 '권리'를 말하는 시대, 그 가치를 실현할 주체는 바로 우리 자신이다.

동물에게도 법이 있다: 영국의 「Animal Welfare Act」

2006년, 영국은 「Animal Welfare Act」를 통해 반려동물 복지의 새로운 장을 열었다. 이 법은 동물을 보호하는 데 있어 단순한 처벌이 아닌 책임과 예방에 중점을 두었다. 특히 '5가지 자유(Five Freedoms)'는 법의 중심 원칙으로 자리 잡았다.

고통과 질병에서의 자유
배고픔과 갈증에서의 자유
불편함에서의 자유
정상적인 행동을 할 자유
두려움과 스트레스로부터의 자유

 이 원칙은 영국 사회가 동물을 단순히 인간의 소유물이 아닌 삶의 주체로 인식하게 만든 전환점이었다.
「Lucy's Law」: 반려동물 산업의 윤리적 기준 정립, 2020년에 시행된 「Lucy's Law」는 반려동물 판매 관행에 메스를 댔다. 애완동물 가게에서 강아지·고양이 새끼 판매를 금지, 중개업자 대신 신뢰할 수 있는 번식자 혹은 보호소에서만 입양 가능, 이 법은 상업적 번식농장(puppyfarm)에서 발생하던 동물 학대와 밀거래를 막기 위한 조치였다.

법의 이름은 끔찍한 환경에서 구조된 킹찰스 스패니얼 '루시'에서 따왔다. 처벌은 '강력하게', 인식은 '깊이 있게', 2021년 개정안은 동물 학대에 대한 최대 형량을 6개월 → 5년으로 상향했다. 이는 단순한 엄벌주의가 아니라 '동물에 대한 폭력은 사회에 대한 폭력'이라는 인식 변화를 보여주는 조치였다. 법이 전부가 아니다.

사회적 인식 변화의 3요소

① 교육
초중등 교육 과정에 동물 복지 포함
어린이들이 어릴 때부터 생명 존중 교육을 받도록 유도

② 캠페인
RSPCA 중심의 "Adopt, Don't Shop" 슬로건
거리 캠페인, 반려동물 등록 장려, 온라인 서명 운동 등 활발
반려동물 책임 소유 강조

③ 미디어
BBC의 동물 복지 다큐멘터리 방영
SNS 해시태그 운동 (#EndAnimalCruelty, #AdoptNotShop 등)

영국이 우리에게 주는 교훈

법률은 강해졌고, 사람들은 깨어났다. 법과 인식은 따로 가는 것이 아니라, 같이 진화해야 한다. 동물을 학대하는 이들은 더 이상 처벌을 피할 수 없고, 반려동물을 소유한 이들은 더 이상 책임에서 벗어날 수 없다. "당신은 어떤 눈으로 동물을 보십니까?", 영국의 사례는 우리에게 묻는다.,

"당신은 반려동물을 재산으로 보십니까, 아니면 함께 살아가는 존재로 보십니까?"

반려동물은 법의 보호 아래 있으며, 사회의 인식 안에서 존중받을 수 있을 때 비로소 진정한 동물 복지 사회가 실현된다.

05

영국이 가르쳐 준 동물 복지의 공식

영국의 동물 복지 제도는 단지 법률의 조항 하나하나를 정비하는 데서 멈추지 않고, 사회 전체의 책임 의식을 바꾸는 방향으로 발전해왔다. 2006년 제정된 「Animal Welfare Act」는 반려동물의 복지를 국가가 보호해야 할 대상으로 명확히 규정함으로써, 학대와 방치에 대한 형사적 책임을 강화하는 법적 기반을 마련했다. 이후 「Lucy's Law」와 2021년 법 개정을 통해 강아지 공장과 같은 불법 번식 산업을 근절하고, 동물 학대 범죄에 대해 최대 5년의 징역형을 가능하게 한 조치는, 동물을 존엄한 생명체로 대우해야 한다는 사회적 합의를 법적으로 뒷받침한 결과였다.

그러나 법이 만들어졌다고 해서 복지가 자동으로 실현되지는 않는다. 영국은 법률과 함께 사회 인식의 전환이 필수적이라는 점을 일찌감치 인식하고, 전 국민을 대상으로 한 동물 복지 교육과 캠페인, 그리고 미디어 전략을 체계적으로 전개해왔다.

초중등 교육과정에 동물 보호와 윤리 교육을 포함시킴으로써 어린 시절부터 생명을 대하는 태도를 길러왔고, 성인 대상의 교육 자료 또한 꾸준히 보급되었다. 'Adopt, Don't Shop'과 같은 대중 캠페인은 동물 입양을 장려하고 소비 기반의 반려동물 시장을 윤리적으로 재편하려는 흐름을 만들어냈으며, 이는 곧 정책 변화와 사회적 행동으로 이어졌다. 미디어 또한 핵심적인 역할을 했다. BBC를 비롯한 방송사들은 동물 학대 사건을 다룬 다큐멘터리를 제작하고, 사회적 관심을 환기시키는 콘텐츠를 통해 대중의 공감대를 형성했다.

이러한 인식 변화는 SNS로 이어졌고, 수많은 시민들이 자발적으로 해시태그 캠페인에 참여하며 동물 보호를 자신의 일처럼 여겼다. 이와 같은 일련의 흐름은 동물 복지를 단지 규율의 문제가 아니라, 공동체의 도덕성과 성숙도를 반영하는 지표로 자리매김하게 만들었다. 결국, 법은 하나의 수단일 뿐이며, 진정한 변화는 사람들의 태도와 행동에서 시작된다는 사실을 영국은 보여주고 있다. 법률이 명확한 책임을 부여하고 처벌을 강화하더라도, 그것이 효과를 발휘하기 위해선 시민 각자가 자신의 반려동물에 대한 윤리적 책임을 체득해야 한다. 교육과 캠페인, 미디어의 역할은 이러한 책임감을 일상 속 행동으로 연결시키는 다리 역할을 한다. 영국 정부는 새로운 유형의 동물 학대나 온라인상 불법 거래 문제 등 변화하는 시대에 맞춰 법 제도를 지속적으로 개정하고 있으며, 비영리단체와 협력하여 예방 중심의 보호 체계를 구축하고 있다. 이처럼 법과 인식이 동시에 진화하는 구조는 영국을 동물 복지 분야의 선도 국가로 자리잡게 만들었고, 나아가 국제적으로도 보호 기준 설정에 기여하는 기반이 되었다.

영국의 반려동물 문화는 단순한 애정 표현이 아닌, 법적 책임과 사회적 연대가 함께 작동하는 성숙한 문화로 자리잡았다. 동물은 인간의 삶을 풍요롭게 만드는 동반자이며, 그들의 복지를 향상시키는 것은 곧 인간과 동물이 함께 행복하게 살아가기 위한 조건이다. 이제 우리에게 필요한 것은 법을 넘어, 모든 시민이 그 책임을 스스로 자각하고 실천하는 것이다. 동물 복지는 더 나은 인간 사회를 향한 약속이자, 공동체가 성숙해졌다는 증거다.

보호에서 권리로: 인도의 동물 권리 운동이 바꾼 것들

종교에서 시작된 자비, 권리로 이어지다

 인도는 오래전부터 동물을 신성한 존재로 여겨왔다. 특히 힌두교에서 소는 절대적 보호의 대상으로 간주되며, 자비와 비폭력이라는 교리는 자이나교, 불교 등 다양한 종교로 확산되었다. 그러나 오늘날의 인도는 단지 종교적 신념에 머물지 않고, 동물을 '권리의 주체'로 바라보는 새로운 시대로 접어들고 있다. 이 변화는 인도 내부에서 자생적으로 발생한 것만은 아니다. 국제 동물 보호 단체들과의 교류, 과학적 근거를 바탕으로 한 윤리적 논의, 그리고 전 세계적인 동물 권리 담론의 확산이 복합적으로 작용해 인도 사회 전반에 변화를 촉진시켰다.

동물은 '재산'이 아니다: 법의 인식 전환

인도의 동물 권리 운동은 1960년 제정된 「동물 잔인 행위 방지법(PCA Act)」에서 시작된다. 당시 이 법은 선구적인 조치였지만, 여전히 동물을 '소유물'로 전제하는 한계를 지녔다. 그러나 2014년 인도 대법원은 획기적인 판결을 내린다.

"동물은 생명권과 고통받지 않을 권리를 가진다."

이는 인도 사법 체계가 동물을 법적 주체로 인정한 결정적 계기였다. 이후 각 주 정부는 다양한 법안을 제정하거나 강화했다. 예컨대 구자라트주는 소 도살 금지를 법제화했고, 위반 시 종신형까지 선고할 수 있게 했다.

또한 동물복지위원회(AWBI)는 동물 실험 규제, 대체 기술 도입, 윤리적 동물 관리 기준 수립 등 다각적인 정책을 주도하고 있다. 이는 명백히 법의 목적이 '학대 방지'를 넘어 '권리 보장'으로 확장되었음을 의미한다.

거리에서 법정으로, NGO들의 실질적 힘

'피플 포 애니멀즈(People for Animals)' 같은 인도 내 NGO들은 이 변화의 실질적 촉매 역할을 했다. 이들은 구조 활동은 물론이고, 교육, 캠페인, 정책 제안 등을 통해 국민 인식 전환과 법률 개정을 동시에 이끌었다. 특히 화장품 및 의료 산업에서의 동물 실험 반대 운동은 중산층과 청년층의 강력한 지지를 이끌어냈으며, 이는 인도 사회에서 '비건' 문화와 동물 입양 문화가 퍼지는 배경이 되었다.

도시와 농촌의 간극, 해결 과제로 남다

하지만 동물 권리에 대한 법적·문화적 변화가 모든 지역에서 균일하게 진행되는 것은 아니다. 농업 중심 지역에서는 여전히 동물을 경제 자산으로 보는 인식이 강하고, 강화된 규제가 생계에 부담을 줄 수 있다는 반발도 존재한다. 이는 인도의 동물 복지 정책이 앞으로 해결해야 할 가장 현실적인 과제다.

결론: 인도의 길은 어디로 향하는가

인도는 이제 동물 복지에서 한 걸음 더 나아가, 동물 권리라는 새로운 패러다임을 향해 나아가고 있다. 이는 단지 법의 변화만이 아니라, 사회적 윤리관, 교육, 문화가 함께 움직이는 결과이며, 종교적 전통과 현대적 가치가 교차하는 인도의 독특한 사회 구조가 만들어낸 복합적 진전이다. 동물은 인간의 소유가 아닌, 함께 살아가는 생명이다. 인도의 사례는 우리에게 다음과 같은 질문을 던진다. "우리는 동물을 얼마나 동등하게 보고 있는가?", 이제 보호는 기본이 되었고, 권리 보장은 새로운 시작이 되고 있다. 인도의 경험은 동물 복지를 넘어, 인간 사회가 어떤 방향으로 진화해야 할지를 보여주는 거울이 될 수 있다.

PART 4

반려동물 안락사의 현실과 필요성

의료적 관점에서 바라본 안락사

　현대 의학은 과거와 비교할 수 없을 만큼 발전했다. 질병을 조기에 진단하고, 생명을 연장시키며, 통증을 관리하는 기술도 급격히 향상되었다.

　그러나 이와 동시에 말기 환자가 겪는 고통의 깊이와 삶의 질에 대한 고민은 더욱 복잡해지고 있다. 많은 경우에서, 의료 기술이 삶을 연장시키는 데 집중되다 보면, 정작 환자에게 남는 것은 생명이라는 이름의 고통일 수 있다. 이러한 상황 속에서 환자 본인, 가족, 그리고 의료진은 치료 중단과 자연스러운 죽음을 선택해야 하는 중대한 결정을 마주하게 된다. 의사는 단순히 치료하는 사람이 아니라, 환자와 가족의 감정을 이해하고 삶의 마지막 순간까지 동행하는 중재자의 역할을 수행해야 한다. 환자의 상태와 치료 가능성에 대해 정직하게 소통하고, 환자와 보호자가 최선의 결정을 내릴 수 있도록 돕는 것이 의료윤리의 핵심이다. 이처럼 안락사는 단순한 기술적 판단을 넘어, 인간의 존엄과 고통, 삶과 죽음의 의미를 재정의하게 만드는 의료적·철학적 주제이다.

안락사 논의가 필요한 이유

인간 안락사는 오랫동안 윤리적·법적 논쟁의 중심에 있어 왔다. 이는 생명의 존엄성과 자기 결정권이라는 두 축이 충돌하는 지점이기 때문이다. 스스로 죽음을 선택할 권리가 있는가, 인간이 생명을 중단시킬 자격이 있는가에 대한 물음은 종교적, 철학적, 문화적 관점에 따라 해석이 달라진다.

특히 고령화 사회에서 장기적인 투병과 요양은 당사자뿐 아니라 가족과 사회 전체에 물리적·정신적 부담을 준다. 이로 인해, 존엄한 죽음과 삶의 질을 고민하는 목소리가 점차 높아지고 있으며, 안락사는 더 이상 피할 수 없는 사회적 과제가 되었다.

반려동물 안락사의 법적 기준

반려동물 역시 인간처럼 생명과 고통을 가진 존재다. 이들이 말기 질병이나 노령으로 인해 극심한 고통을 겪을 경우, 보호자와 수의사는 생명을 끝내는 대신 고통을 끝내는 결정을 고민하게 된다. 이를 우리는 반려동물의 '인도적 안락사'라고 부른다. 한국에서는 1991년 제정된 동물보호법을 통해 반려동물 안락사에 대한 법적 기준을 제시하고 있다.

이 법은 안락사가 동물 복지를 위한 경우에만 허용된다고 명시하며, 반드시 수의사가 합법적이고 윤리적인 절차를 따라야 한다고 규정한다. 반려동물의 상태, 통증의 정도, 회복 가능성 등 여러 요소를 종합적으로 고려하여, 동물의 고통을 최소화하는 방향으로 판단이 이루어져야 한다. 한국 법제는 동물의 생명권을 인정하는 동시에, 보호자의 책임과 결정권을 조화롭게 다루기 위해 점차 진화하고 있다.

국제 비교와 사회적 시사점

국제적으로 안락사에 대한 규제는 매우 다양하다. 유럽연합은 동물복지를 회원국 법체계에 통합하도록 권고하며, 대부분의 국가는 안락사를 제한적으로 허용하고 있다. 미국은 주마다 동물보호법이 다르며, 일부 주는 매우 엄격한 기준을 적용하고 있다. 호주와 캐나다도 주별 차이는 있으나, 전반적으로 동물복지 중심의 접근을 지향하고 있다. 이러한 차이는 각 국가의 문화적 배경, 종교적 전통, 사회적 합의 수준에 따라 형성되었다. 따라서 국제적 기준을 단순히 수용하기보다는, 각 사회가 지닌 가치관에 따라 독자적인 정책을 발전시켜야 한다.

윤리적 책임과 문화적 변화

반려동물 안락사는 단지 의료적, 법적 절차의 문제가 아니다. 이는 생명에 대한 철학적 태도, 인간과 동물 간의 관계에 대한 문화적 인식의 수준을 드러내는 문제이기도 하다. 동물을 물건처럼 다루는 사고방식에서 벗어나, 그들의 고통에 공감하고 존중하는 태도가 필요하다. 사회는 이제 동물에게도 최소한의 권리가 있으며, 그들이 고통 없이 삶을 마칠 권리를 인정해야 한다. 동시에, 그 결정은 신중해야 하며, 무지나 경제적 이유로 오남용되어서는 안 된다. 윤리적 책임은 수의사와 보호자 모두에게 있다. 생명을 끝내는 선택은 오직 사랑과 책임 위에서만 가능해야 한다.

결론적으로 존엄한 이별을 위한 사회적 합의가 필요하다. 안락사는 인간과 반려동물 모두에게 적용될 수 있는 복합적인 주제다. 이는 단순한 의료 기술의 문제가 아니라, 인간 존재에 대한 철학적 성찰이자, 사회가 어떻게 죽음을 받아들이고 설계할 것인가에 대한 결정이기도 하다. 반려동물 안락사에 대해서도 우리는 더 이상 침묵하거나 회피해서는 안 된다. 생명을 대하는 우리의 자세는, 우리 사회가 얼마나 성숙한지를 보여주는 거울이다.

지속적인 법적 검토와 윤리적 교육, 그리고 시민 사회의 폭넓은 논의를 통해, 생명을 존중하면서도 고통을 끝내는 '존엄한 선택'이 가능해져야 한다. 그 선택은 결코 가볍지 않으며, 사회 전체의 신중한 합의 위에서만 정당화될 수 있다.

반려동물의 질병과 고통 관리

안락사 대안으로서의 호스피스 케어

반려동물 질병과 고통 관리의 현실

현대 사회에서 반려동물은 단순한 애완의 개념을 넘어, 가족의 일원으로 여겨지고 있다. 이러한 인식의 변화 속에서, 반려동물의 질병과 고통에 대한 관리 역시 단순한 치료를 넘어서 삶의 질 유지라는 관점에서 접근해야 한다.

진단과 질병의 경과 이해

반려동물이 질병에 걸렸을 때 가장 중요한 것은 조기 진단과 정확한 경과 예측이다. 수의사는 병력 조사와 함께 신체 검사, 혈액 검사, 영상 진단 등 다양한 도구를 활용해 질병의 원인을 파악한다. 이 과정에서 보호자와의 협력은 필수적이다. 진단이 정확할수록 반려동물의 고통은 줄어들고, 치료의 효과는 높아진다. 질병의 경과를 설명받은 보호자는 예후에 대한 현실적인 이해를 바탕으로, 적절한 치료 방향과 삶의 계획을 세울 수 있다.

고통은 질병 그 자체보다 반려동물의 삶을 훨씬 더 힘들게 만든다. 통증은 스트레스와 불안을 유발하고, 회복을 지연시킨다. 따라서 수의사는 단순한 병 치료뿐 아니라 통증 완화와 정서적 안정에 중점을 둬야 한다. 약물치료, 수술 후 관리, 물리치료 등 다양한 고통 관리 방법이 있으며, 질병의 종류와 개별 동물의 상태에 따라 접근 방식은 달라진다. 효과적인 고통 관리는 단순히 반려동물의 생명을 연장하는 것이 아니라, 최소한의 고통 속에서 의미있는 삶을 유지하는 데 초점을 둬야 한다.

안락사 대안으로서의 호스피스 케어

안락사의 현실과 보호자의 고민

말기 질환에 시달리는 반려동물에게 안락사는 종종 마지막 선택지로 제안된다. 이는 동물의 고통을 줄이기 위한 '인도적 결정'으로 여겨지지만, 동시에 보호자에게는 심리적·윤리적 부담을 안기는 무거운 선택이다. 많은 보호자들은 안락사 대신, 고통은 줄이면서 마지막까지 함께할 수 있는 다른 방법을 원한다.

호스피스 케어의 개념과 필요성

호스피스 케어는 치료보다 완화에 중점을 둔 접근 방식으로, 말기 환자의 삶의 질을 최대한 유지하며 자연스럽고 품위 있는 죽음을 맞이하도록 돕는 프로그램이다. 이 개념은 인간 호스피스 철학에서 출발해, 이제는 반려동물 분야에서도 점점 주목받고 있다. 호스피스 케어의 필요성은 반려동물 수명의 연장과 만성 질환의 증가에서 비롯된다. 더 오래 사는 반려동물이 늘어나는 만큼, 그들의 마지막을 의미 있게 마무리하고 싶은 보호자들의 요구도 증가하고 있다.

호스피스 케어의 실제 적용

이 프로그램은 수의사, 간호사, 행동 전문가, 보호자가 팀을 이루어 반려동물의 신체적·정서적 안정을 돕는 방식으로 운영된다. 수의사는 통증 관리와 증상 완화에 중점을 두며, 보호자는 일상 속에서 반려동물이 편안함을 유지할 수 있도록 세심하게 돌본다. 호스피스 케어는 반려동물이 익숙하고 안정된 환경에서 삶을 마무리할 수 있도록 하며, 보호자에게는 이별을 준비할 시간과 정서적 완충지대를 제공한다. 죽음을 단절이 아닌 자연스러운 여정으로 받아들이는 경험은 보호자에게도 깊은 치유가 된다.

결론적으로 호스피스 케어는 반려동물과 인간이 함께 준비하는 마지막 여정이다. 반려동물의 고통을 줄이는 일은 단순한 의료행위가 아니라 책임 있는 보호자의 의무이자, 수의사의 전문성과 윤리의식이 결합되어야 하는 민감한 과정이다. 안락사는 필요할 수 있지만, 그것이 유일한 해답이 되어서는 안 된다. 호스피스 케어는 반려동물이 마지막까지 사랑받고 존중받는 존재로서 생을 마감할 수 있는 새로운 길이다. 단순한 생명 연장이 아니라, 고통 없이, 가족과 함께 의미 있는 시간을 보내며 존엄한 죽음을 맞이할 수 있도록 돕는 것이 진정한 배려이다.

지금 이 순간에도 수많은 반려동물이 고통 속에 있다. 그들을 위해 우리가 해야 할 일은 고통을 줄이고, 선택지를 넓히며, 함께하는 삶의 마지막 장면을 더 따뜻하게 준비하는 것이다. 보호자와 수의사가 손을 맞잡고 이 길을 함께 걸어갈 때, 생명은 끝까지 존엄할 수 있다.

호스피스 케어의 도전과제와 미래 전망

반려동물 호스피스 케어는 죽음을 피하는 것이 아니라, 마지막 순간까지 삶의 질을 지키는 것을 목표로 한다. 그러나 이 과정은 여러 가지 도전과제와 함께한다. 우선, 호스피스 케어는 상당한 시간적, 금전적 부담을 수반할 수 있다. 장기간 지속되는 돌봄은 보호자에게 감정적·경제적으로 큰 책임을 요구한다. 또한, 체계화된 교육과 훈련 프로그램이 부족하다는 점도 과제다. 반려동물 호스피스 케어를 제대로 수행하려면 통증 완화, 정서적 케어, 죽음 수용 과정에 대한 전문지식이 필요하지만, 이를 위한 시스템은 아직 초기 단계에 머물러 있다.

그럼에도 불구하고, 호스피스 케어에 대한 사회적 관심과 수요는 지속적으로 증가하고 있다. 반려동물을 가족으로 대하는 인식이 널리 확산되면서, 이별의 과정 또한 품위 있게 마무리하고자 하는 보호자들이 늘고 있기 때문이다. 향후 반려동물 호스피스 케어는 더욱 전문화되고 체계화될 것이다. 관련 직무 교육, 지역 기반 돌봄 네트워크, 수의사 연계 서비스 등이 발전함으로써 더 많은 반려동물과 가족이 질 높은 말기 돌봄을 누릴 수 있게 될 것이다. 이는 반려동물 산업의 질적 성장을 유도함과 동시에, 죽음에 대한 사회적 인식의 성숙을 이끌어낼 것이다.

안락사의 대안: 통증 관리와 적극적 치료의 가능성

통증 관리의 실제

반려동물 안락사 결정이 논의될 때, 가장 핵심이 되는 판단 기준은 고통의 정도이다. 현대 수의학은 다양한 통증 관리 기법을 통해 반려동물의 고통을 완화시킬 수 있는 가능성을 열어놓고 있다. 비스테로이드성 항염증제(NSAIDs), 오피오이드 계열 약물 등은 흔히 사용되는 약물이며, 통증을 억제하고 염증을 줄이는 데 효과적이다. 그러나 이러한 약물은 부작용이 동반될 수 있기 때문에 수의사의 세심한 모니터링과 용량 조절이 필수적이다. 최근에는 침술, 마사지, 수중 운동 요법 등 보완 대체 치료법도 널리 활용되고 있다. 이러한 치료법은 약물의 사용을 줄이면서도 효과적인 통증 완화를 돕고, 반려동물의 정서적 안정에도 긍정적인 영향을 미친다. 비약물적 접근은 특히 만성 질환을 앓는 반려동물에게 지속 가능한 관리 방법으로 주목받고 있다.

적극적 치료 옵션

과거에는 안락사가 유일한 선택처럼 여겨졌던 질환들도, 이제는 적극적인 치료를 통해 삶의 연장과 질 향상이 가능해지고 있다. 암 환자의 경우, 화학 요법과 방사선 치료를 통해 종양의 크기를 줄이거나 통증을 완화할 수 있으며, 일부 사례에서는 완치도 기대할 수 있다. 심장 질환을 가진 반려동물은 특수 약물과 식이 조절, 정기적인 건강 관리를 통해 증상 악화를 늦추며 삶의 질을 유지할 수 있다. 만성 신장 질환 역시 식단 조절, 약물 투여, 혈액 투석 등의 방법으로 비교적 안정적인 상태를 유지할 수 있다.

이처럼 다양한 치료 옵션이 현실화됨에 따라, 안락사 외에도 다양한 생명 연장의 선택지가 보호자에게 제공되고 있다. 보호자와 수의사가 함께 반려동물의 상태를 지속적으로 관찰하고, 최적의 치료법을 논의하는 협력 구조가 중요하다.

상실감과 슬픔의 정서적 처리

 반려동물과의 이별은 단지 한 생명의 죽음을 의미하는 것이 아니다. 그것은 곧, 오랜 시간 쌓아온 유대와 정서적 안정의 상실을 의미한다. 많은 사람들에게 반려동물은 단순한 동물이 아니라 가족, 친구, 심리적 지지자로 존재한다. 그러나 이와 같은 깊은 상실감에도 불구하
고, 사회는 이를 종종 과소평가하거나 사소한 일로 치부하는 경향이 있다.

 "강아지 하나 죽은 게 뭐가 그리 슬프냐"는 반응은 반려인을 이중으로 고립시키고, 슬픔을 억누르게 만든다. 반려동물을 잃은 사람은 때로는 애도, 분노, 죄책감, 무력감 등 복합적인 감정에 휩싸인다. 이러한 감정은 결코 비정상적인 것이 아니며, 자연스럽고 인간적인 반응이다. 슬픔을 부정하거나 억누르기보다는 인정하고 나누는 것이 치유의 시작이다. 심리적 회복을 돕기 위해서는 반려동물 상실에 대한 사회적 인식 개선과 함께, 상담 프로그램, 애도 모임, 추모 공간 등의 정서적 지원 시스템이 필요하다.

특히, 아이들이나 노인과 같이 정서적으로 더 취약한 보호자의 경우, 전문가의 도움을 받는 것도 좋은 방법이다.

결론적으로 이제는 삶의 질과 이별의 존엄을 동시에 고려하는 시대입니다. 반려동물 안락사는 여전히 회피되고 있는 주제이지만, 이별을 마주한 모든 보호자가 고민하는 현실적인 선택이다. 그러나 이제는 안락사가 유일한 답이 아니라는 인식이 확산되고 있다. 호스피스 케어, 통증 완화, 적극적 치료, 정서적 지원 등 다양한 대안들이 존재하며, 이는 단지 생명을 연장하는 것이 아니라 삶의 질을 지키는 선택이기도 하다. 반려동물과의 마지막 여정은 보호자에게 고통일 수 있지만, 그 고통을 품위 있게 마무리하는 방법은 분명 존재한다. 중요한 것은 정보와 감정을 나누는 것, 그리고 더 나은 선택지를 함께 모색해 나가는 것이다.

이제 우리 사회는 반려동물과의 이별도 사랑과 존중의 연장선상에서 준비해야 하는 일임을 인식해야 한다. 죽음을 준비하는 일은 결코 삶을 포기하는 일이 아니라, 삶을 더 깊이 이해하는 과정이기 때문이다.

반려동물 안락사 이후의 절차와 사후 관리

안락사 이후 사체 처리 절차의 필요성과 현실

 반려동물의 안락사는 고통을 최소화하기 위한 인도적인 결정으로 이해된다. 그러나 그 이후의 사체 처리 과정 또한 동물 복지, 공공 위생, 환경 보호의 측면에서 매우 중요한 절차이다. 단순한 생명의 종료가 아닌, 존엄한 마무리로 이어지기 위해서는 체계적이고 윤리적인 사후 절차가 반드시 요구된다. 사체 처리는 일반적으로 소각, 매장, 기증 등으로 구분된다.

 각 방식은 장단점을 지니며, 법적 기준과 환경적 영향, 그리고 보호자의 선택에 따라 결정된다.

소각

소각은 가장 일반적인 처리 방식이다. 고온에서 사체를 완전 연소시킴으로써 병원성 미생물을 제거할 수 있으며, 위생적이고 안전한 방법으로 인정받고 있다. 그러나 고에너지 소비와 대기 오염 가능성이 동반되기 때문에, 소각 시설은 엄격한 환경 기준을 충족해야 하며, 전문 인프라가 마련되어야 한다.

매장

매장은 일부 지역에서 여전히 시행되는 방식이다. 하지만 지하수 오염 및 토양 오염의 위험이 크기 때문에 환경 보호 차원에서 점차 제한되고 있다. 매장은 수자원 보호구역 외 지역에서만 가능하며, 일정 깊이 이상으로 묻어야 하고, 사체 주변 오염 방지를 위한 관리가 병행되어야 한다.

기증

기증은 수의학 교육기관이나 연구소에 사체를 제공하는 방식이다. 이는 교육 및 연구 목적에 한정되며, 엄격한 윤리 기준 하에서 이루어져야 한다. 기증된 동물은 실험 대상이 아닌 교육 자료로 존중받아야 하며, 보호자의 서면 동의가 필수적으로 요구된다.

법적 규제와 환경 보호의 원칙

반려동물 사체 처리에 대한 법적 규제는 국가마다 상이하지만, 대개 동물보호법, 공공위생법, 환경보호법 등을 근거로 하고 있다. 공공위생법은 질병 확산 방지를 위해 사체의 위생적 처리를 요구하며, 특히 소각 시 발생하는 유해물질에 대한 대기오염 방지 기준을 명시하고 있다. 환경보호법은 매장과 관련하여 토양·지하수 오염 방지 조치를 규정하며, 인근 생태계에 미치는 영향을 최소화하도록 한다. 보호자는 이러한 법적 요건을 숙지하고 절차를 따름으로써 자연 생태계 보호에 동참하는 책임을 지게 된다.

동물보호법은 안락사 이후에도 동물의 존엄성이 유지될 수 있도록 규정하며, 사체를 비인도적으로 취급하거나 방치하는 행위를 금지하고 있다. 이는 생명이 끝난 이후에도 존중의 원칙을 지키려는 법적·윤리적 의지의 표현이다.

반려동물 안락사에 대한 현재의 이해와 미래 전망

　반려동물 안락사란 심각한 질병, 외상, 또는 노령에 의한 삶의 질 저하 상황에서 더 이상의 고통을 막기 위해 수의사와 보호자의 합의하에 생명을 종결하는 행위를 말한다. 이는 단순한 생명 종료가 아니라, 반려동물의 '최선의 이익'을 고려한 윤리적 판단이라는 점에서 중요한 의미를 갖는다. 대부분의 안락사 결정은 수의학적 진단과 보호자의 정서적 고려를 바탕으로 이루어진다. 회복 가능성이 없거나 극심한 고통이 지속되는 상황에서 안락사는 가장 인도적인 선택이 될 수 있다. 이는 보호자에게는 매우 무거운 결정이지만, 반려동물의 고통을 끝내는 사랑의 표현으로 이해되기도 한다.

안락사 결정이 남기는 정서적 여운

그러나 안락사는 보호자에게 극심한 정서적 충격을 남긴다. 죄책감, 상실감, 우울, 혼란과 같은 감정은 장기화될 수 있으며, 사회적 고립이나 트라우마로 이어지는 경우도 있다. 주변의 이해 부족은 슬픔을 더욱 심화시키고, 애도 과정을 방해하는 요인으로 작용한다. 이러한 상황에서 보호자에게 필요한 것은 단지 의료적 설명이 아닌, 심리적·사회적 지지 체계이다.

수의사는 치료 여부에 대한 판단뿐 아니라, 보호자의 정서 상태와 결정을 존중하고 이해하며, 애도 과정을 지원하는 역할도 수행해야 한다. 안락사 결정은 개인의 문제가 아닌, 사회가 함께 책임져야 할 윤리적 과제로 인식되어야 한다.

안락사의 미래, 기술과 윤리가 만드는 변화

의료기술의 발전

반려동물 의료기술의 지속적인 발전은 안락사의 빈도를 감소시킬 수 있는 중요한 요소이다. 통증 완화 기술, 정밀 진단, 맞춤형 치료법의 개발은 고통을 줄이고 삶의 질을 높여, 안락사를 대신할 치료적 선택지를 제공할 수 있게 한다.

윤리 기준의 변화

동물을 생명 있는 존재로 인식하는 사회적 윤리가 확대되면서, 안락사에 대한 기준 또한 더 엄격하고 신중해지고 있다. 동물은 단순한 '소유물'이 아닌 '권리를 가진 존재'로 대우받아야 하며, 이러한 가치관은 보다 투명한 안락사 절차와 기준 정립으로 이어질 것이다.

제도와 법의 진화

현행 안락사 관련 법령은 불명확하거나 현실을 충분히 반영하지 못하는 경우가 많다. 향후에는 반려동물의 생명권을 보장하면서도 정당하고 공정한 안락사 절차를 제도화하는 법 개정이 이루어질 것으로 예상된다. 이는 수의사의 과도한 법적 부담을 줄이고, 보호자의 결정권도 명확하게 규정하는 장치가 될 것이다.

열린 사회적 논의의 필요성

반려동물 안락사는 더 이상 개인의 조용한 선택이 아니다. 커뮤니티, 공청회, 미디어 등을 통한 사회적 대화의 장이 마련되어야 하며, 이러한 토론은 안락사 결정 과정에서 겪는 정서적 갈등과 윤리적 고민을 공유하고 해소하는 데 큰 역할을 할 수 있다.

결론적으로 존엄한 이별을 위한 사회의 준비가 필요하다. 반려동물 안락사는 생명과 죽음, 윤리와 사랑, 책임과 고통이 교차하는 복합적 주제이다. 그러나 그 본질은 오직 하나, 고통을 줄이고 존엄을 지키는 데 있다.

앞으로의 사회는 반려동물의 생애 마지막 순간까지 존중과 배려를 담은 절차와 환경을 제공해야 한다. 보다 정교하고 윤리적인 안락사 결정 시스템, 보호자를 위한 애도 지원, 그리고 동물 복지 중심의 제도 마련은 인간과 반려동물의 관계를 더욱 따뜻하고 책임감 있게 변화시킬 것이다. 결국 이것이야말로 생명을 진심으로 대하는 사회의 표준이 되어야 한다.

PART 5

생명 존중 교육의 중요성

오늘날 우리 사회는 갈등, 폭력, 환경 파괴, 동물 학대 등 다양한 위기를 마주하고 있다. 이러한 사회적 병폐의 이면에는 생명에 대한 무지와 무관심이 자리하고 있다. 생명을 존중하는 마음은 인간다운 삶을 영위하는 데 있어 가장 기본적인 덕목이다. 사회적 윤리의 출발점이다. 그러나 현재의 교육 현장은 여전히 입시 중심의 지식 전달에 치우쳐 있으며, 생명 존중 교육은 주변부로 밀려나 있다. 아이들은 교과서 속 문장으로 생명의 가치를 배울 뿐, 실제로 생명을 느끼고 책임지는 경험은 거의 하지 못한다. 특히, 반려동물과 함께 살아가는 인구가 급증하고 있음에도 불구하고, 동물을 올바르게 이해하고 대하는 방법을 배우는 기회는 매우 부족하다. 이러한 현실은 동물 학대와 유기, 생명 경시의 반복으로 이어지고 있다.

이제는 말이 아닌 행동으로, 추상적인 교육이 아닌 체험을 통해 생명의 가치를 가르쳐야 할 시점이다. 생명을 존중하는 사회는 교실에서 시작된다. 체험을 통한 교육은 감정과 행동을 변화시키는 가장 강력한 방법이다. 본 장에서는 생명 존중 교육의 필요성과 현실적 대안을 중심으로, 체험 기반 학습의 중요성과 반려동물 관련 학과의 윤리적, 사회적 역할을 조명하고자 한다.

01

"생명을 배우지 못한 사회는 결국 파괴된다"

사람들은 살아가면서 수많은 교육을 받는다. 하지만 그중 '가장 중요한 교육'이 빠져 있다.

그것은 바로 생명 존중 교육이다. 생명을 소중히 여기지 않는 사회는 결국 무너진다. 오늘날 벌어지고 있는 폭력, 따돌림, 동물 학대, 환경 파괴는 단지 교육의 부재에서 비롯된 결과다. 생명에 대한 무지가 만든 사회적 붕괴 현상이다. 생명 존중 교육은 단순한 윤리 교육이 아니다. 이는 인간이 인간답게 살아가기 위한 최소한의 기준이다. 청소년기와 성인 초기는 생명의 가치를 내면화하기에 가장 적절한 시기다. 이 시기를 놓치면, 이후의 삶에서도 타인의 고통에 무감각한 인간으로 자라기 쉽다. 특히, 청소년은 일상 속에서 생명의 소중함을 직접 느끼고 실천할 수 있는 환경이 필요하다. 교통안전 규칙을 지키는 것, 주변의 친구를 도와주는 행동 하나하나가 생명 존중의 실천이다. 하지만 학교 현장에서는 여전히 입시 중심 교육만이 강조되고 있다. 그 결과, 교실에서 생명을 배운 아이는 없다.

실제적인 생명 존중 교육은 추상적인 개념이 아니라, 경험을 통해 길러져야 한다. 예를 들어, 역할극을 통해 공감 능력을 키우고, 게임 기반 학습으로 동물 학대 사례를 분석하는 활동은 학생들에게 생명의 무게를 가르치는 데 효과적이다.

성인 역시 예외는 아니다. 직장에서의 괴롭힘, 타인의 노동을 가볍게 여기는 태도, 지역사회의 무관심은 모두 생명 존중의 부재에서 비롯된다. 성인을 대상으로 한 교육은 단순한 연수가 아니라, 삶의 태도를 전환시키는 계기가 되어야 한다. 자기개발이라는 이름 아래, 자기만을 위한 교육은 넘쳐난다. 하지만 타인을 위한 교육은 찾아보기 어렵다. 더욱 심각한 문제는 학교 교육에서조차 생명에 대한 교육이 뒷전이라는 사실이다. 아이들은 어릴 때부터 동물과 함께 살아간다.

반려동물은 이제 가족이다. 하지만 아이들은 반려동물의 감정도, 책임도, 윤리도 배우지 않는다. 귀엽고 재밌는 콘텐츠로만 소비되는 강아지와 고양이는, 결국 사람의 무지로 인해 버려지는 운명을 반복하고 있다. 이제는 학교가 나서야 한다. 반려동물 관련 학과는 단순한 기술 교육이 아닌, 생명을 다루는 윤리 교육이어야 한다.

생명을 관리하고, 사랑하고, 책임지는 법을 가르쳐야 한다. 교과서에 나오는 동물은 삽화일 뿐이지만, 실제 강아지 한 마리와 교감한 경험은 아이의 평생 가치관을 바꾼다.

결국에 생명 존중 교육은 선택이 아니라 생존을 위한 필수 조건이다. 생명을 제대로 배우지 못한 사회는 언젠가 스스로를 파괴한다. 이제는 말이 아닌 행동이 필요하다. 교실에서, 직장에서, 가정에서, 생명을 가르치고 배워야 한다. 그래야만 우리는 생명을 존중하는 사회를 만들 수 있다.

02
"동물을 배우지 못한 사회, 생명을 다룰 자격이 없다"

반려동물은 이제 단순한 애완의 대상을 넘어, 가족의 일원으로 자리잡고 있다. 사람들은 강아지를 '내 새끼'라 부르고, 고양이에게 '집사'라는 호칭을 붙인다. 이처럼 인간과 동물 간의 정서적 유대는 점점 깊어지고 있지만, 정작 사회는 이러한 변화에 맞는 준비가 전혀 되어 있지 않다.

동물과 함께 살아가는 인구는 늘어났지만, 동물을 제대로 이해하고 대하는 법을 배우는 기회는 턱없이 부족하다. 이로 인해 무지에서 비롯된 학대, 유기, 생명경시가 반복되고 있다. 여기서 해답이 되는 것이 바로 '반려동물 관련 학과'의 전문 교육이다.

단순한 기술 교육이 아니다 – '생명'을 다루는 교육이다

반려동물 관련 학과는 동물 행동학, 복지학, 생리학, 보건학 등 다양한 분야를 포괄한다. 이는 단지 동물을 '관리'하는 기술자가 아니라, 생명을 다루는 전문가를 양성하는 것이다. 동물병원에서의 수의보조 업무, 보호소의 행동교정, 유기견 입양 상담, 동물매개치유 활동 등, 현실 속 수많은 현장에서 이들은 중요한 역할을 한다.

학생들은 이 학과를 통해 동물의 언어를 이해하는 법을 배운다. 꼬리의 흔들림 하나, 눈동자의 움직임 하나에서 그들의 감정을 읽고, 공포, 스트레스, 신뢰의 신호를 포착할 수 있게 된다. 이것이야말로 생명에 대한 진정한 이해이며, 사람과 동물 사이에 건강하고 윤리적인 관계를 가능케 하는 핵심이다. 반려동물 교육은 곧 '책임감'과 '윤리의식'을 기르는 일이다. 이 학과는 직업 교육을 넘어, 학생 개개인의 인성과 사회성을 기르는 데도 크게 기여한다.

생명을 마주하는 교육은 필연적으로 '책임'이라는 가치를 수반한다. 사소한 실수 하나가 생명을 위협할 수 있다는 것을 경험으로 배우게 될 때, 학생은 자연스럽게 경청하고 배려하는 자세를 갖추게 된다.

특히, 동물은 인간과 달리 말로 자신의 상태를 설명할 수 없다. 그래서 학생은 더 예민하게 관찰하고 공감하며 돌보는 태도를 익히게 된다. 이는 타인을 배려하는 인간관계의 본질과도 통한다. 동물과의 올바른 상호작용은 결국 사람과 사람 사이의 관계 형성 능력에도 긍정적인 영향을 미친다. 학교 교육 속 '실제 경험'이 반드시 필요하다. 많은 학교들이 이론 중심의 동물 교육에 그치는 경우가 많다.

하지만 동물 교육은 보고, 만지고, 돌보는 체험을 통해서만 온전히 배울 수 있다. 교실에서 배우는 지식은 현실의 울음소리 앞에 무력해질 수 있다. 그렇기 때문에, 학교는 단순한 수업을 넘어서 실제 동물과 함께하는 교육 환경을 조성해야 한다. 반려동물과의 직접적인 교감을 통해 학생들은 실제 상황에서의 문제 해결 능력, 감정 조절 능력, 협업 능력을 기를 수 있다.

이는 취업을 위한 '스펙'이 아니라, 삶을 살아가는 태도를 바꾸는 교육이다.

진로교육과 윤리교육의 중심, 바로 이 학과다. 반려동물 관련 학과는 학생들에게 단순한 진로 정보를 넘어, 새로운 시대의 직업 세계를 열어준다. 동물훈련사, 반려동물 행동상담사, 펫푸드 컨설턴트, 펫코디네이터, 동물매개심리상담사 등 다양하고 창의적인 직업군은 점점 더 확대되고 있다. 하지만 이를 제대로 안내해줄 교육 체계는 여전히 부족하다. 학교는 이러한 흐름을 선도해야 한다. 미래 직업군에 대한 안내와 동시에 윤리적 기준을 제시하는 교육 기관으로서의 책임을 다해야 한다. 단순히 반려동물을 '좋아하는' 감정에서 끝나는 것이 아니라, 전문적인 이해와 책임 있는 실천으로 나아가는 방향을 제시해야 한다.

PART 6

동물 보호의 새로운 지평

01
동물 보호의 새로운 지평

　21세기 들어 인류는 동물 복지와 생태계 보존에 대해 점점 더 깊이 고민하게 되었다. 기술의 발전, 환경 문제의 가시화, 그리고 동물권에 대한 인식 증가는 우리에게 동물 보호를 보다 종합적이고 체계적으로 접근할 것을 요구하고 있다. 동물 복지란 단순히 동물의 고통을 줄이는 것을 넘어, 그들의 생명과 권리를 존중하고 그들이 행복하게 살 수 있는 환경을 조성하는 것을 의미한다. 이를 실현하기 위해서는 동물과 인간 간의 상호 작용에 대한 새로운 패러다임이 필요하며, 그 과정에서 최신 기술과 과학적 연구의 역할이 매우 중요하다.

　오늘날 동물 보호의 개념은 이제 단순한 보존의 범주를 넘어 전 지구적 차원의 문제로 확장되었다. 동물 복지의 문제는 생태계 전체와 인간 사회에 직접적인 영향을 미치는 중요한 문제로 인식되고 있으며 이러한 배경 속에서 미래의 동물 보호는 새로운 지평을 열어가고 있다.

동물 보호, 기술이 구하는 시대가 왔다

　동물 보호는 이제 감정의 영역을 넘어 과학과 기술의 세계로 진입하고 있다. 귀엽고 불쌍하다는 감정만으로는 동물의 생명을 지킬 수 없는 시대가 도래했다. AI와 블록체인, 디지털 신원 시스템 등 4차 산업혁명 기술이 동물의 복지와 생존을 좌우하는 도구로 부상하고 있는 것이다. 이러한 흐름은 인간 중심의 사고를 넘어서, 동물 개체 하나하나의 삶과 권리를 데이터로 존중하는 새로운 패러다임을 형성하고 있다. 우리는 흔히 동물 보호를 윤리적 문제로만 접근해 왔다. 그러나 이제는 과학기술이 동물의 고통을 사전에 감지하고, 기록하고, 추적하는 구조로 바뀌고 있다. 그 중 하나가 AI 기반 동물 모니터링 시스템이다. 이 시스템은 동물의 행동을 실시간으로 분석하고, 이상 징후나 스트레스의 패턴을 조기에 감지함으로써 수의사의 진단보다 먼저 개입할 수 있는 가능성을 제공한다.

　이는 단순히 동물을 돌보는 도구가 아니라, 고통을 예방하는 하나의 생명 보호 시스템으로 작용한다. 실제로 목장에서는 소나 양의 이상 행동을 감지하여 질병을 조기에 진단하고 있으며, 반려동물 보호자들도 이러한 기술을 통해 반려동물의 상태를 지속적으로 확인할 수 있다.

이처럼 인공지능은 동물 보호에 있어 인간의 감각과 반응 속도를 뛰어넘는 감시자이자 조력자가 되어 가고 있다.
한편, 블록체인 기술은 동물의 출생, 소유, 진료, 이동 기록 등을 위변조 없이 기록하는 데 효과적으로 활용될 수 있다. 동물의 소유권과 생애 이력 관리에 블록체인을 도입하면, 유기동물 발생 시 책임 소재를 명확히 하고 불법 번식이나 거래를 막는 데 큰 도움이 된다. 이러한 기술은 단순한 정보 저장을 넘어서 동물에게 '디지털 신분'을 부여하고, 모든 생애를 기록함으로써 인간 사회가 동물에 대해 가지는 책임을 시각화하고 구조화하는 역할을 한다.

　특히 유기견이 증가하고 있는 현실에서, 블록체인을 통해 각 동물의 과거 이력을 추적할 수 있다면 보호소의 운영 부담도 줄고, 입양의 신뢰성도 높아질 수 있다. 더 나아가 멸종위기종 보호에도 디지털 신원 시스템은 필수적이다. 현재 전 세계적으로 수많은 동물들이 멸종 위기에 처해 있으며, 이들의 보호는 단순히 보호 구역 지정만으로 해결되지 않는다. 디지털 신분 시스템을 도입하면 각 멸종위기 동물에게 고유 식별자가 부여되고, GPS 추적과 건강 상태 모니터링을 통해 개체별 관리가 가능해진다.

이로써 불법 포획이나 밀렵 시 즉각적인 대응이 가능하며, 보호 구역 간의 정보 공유도 효율적으로 이뤄질 수 있다.

 결국 멸종 방지는 정서적 호소나 제한된 자원만으로는 불가능하다. 개체 단위의 과학적 보존 전략이 뒷받침되어야만 실효성을 가질 수 있으며, 디지털 신분 시스템은 그 핵심 수단이 될 수 있다. 기술 기반의 동물 보호는 감정적인 운동이나 일회성 캠페인보다 훨씬 강력한 효과를 가진다.

 보호소, 동물병원, 정부기관, NGO 등이 통합된 기술 시스템에 기반하여 협력할 때, 동물의 삶은 실질적으로 개선된다. AI는 고통을 숫자로 알려주고, 블록체인은 책임을 증거로 남기며, 디지털 신원 시스템은 멸종을 방지할 수 있도록 한다. 이처럼 동물 보호는 더 이상 감정의 문제만이 아니라, 구조화된 과학과 기술의 총합으로 접근해야 하는 복합적인 영역이다. 이제 우리는 단순히 '동물을 사랑한다'는 말만으로는 부족한 시대에 살고 있다. 반려동물, 농장동물, 야생동물 모두가 인간의 감정이 아닌, 제도와 기술로 보호받아야 한다. 그들이 고통을 겪기 전에 예측하고, 그들의 삶을 책임있게 기록하며, 위기에 처한 존재를 실시간으로 구할 수 있는 시스템을 구축해야 한다.

"AI가 반려견의 건강을 먼저 알리는 시대"

21세기에 들어선 동물 보호는 과거의 감성 중심 캠페인을 넘어서 기술과 윤리, 교육이 융합된 새로운 방향으로 진화하고 있다. 이제 동물 보호는 단순한 동정심이나 구조 활동을 넘어, 인공지능(AI), 가상현실(VR), 유전자 공학, 블록체인과 같은 첨단 기술이 중심이 되는 정밀한 영역으로 확대되고 있다. 동물을 단지 보호해야 할 대상이 아닌, 함께 살아가는 존재로 인식하는 이러한 전환은 동물과 인간의 관계에 결정적인 변화를 가져오고 있다.

가상현실(VR)과 공감 기반 교육

가상 현실은 학습자에게 강력한 몰입 경험을 제공하여 공감 능력을 향상시키는 데 탁월한 도구로 평가받고 있다. 동물 보호 교육에 VR을 도입하면, 학습자는 동물의 입장에서 세상을 바라보고, 그들이 느끼는 고통과 불안을 생생하게 경험할 수 있다.

예를 들어 동물 실험실에 있는 동물의 시점에서 불안을 느끼는 체험을 VR로 제공한다면, 이는 교육적 공감을 넘어 행동 변화로 이어질 수 있다. 이러한 공감 기반 VR 교육은 초중등 교육, 기업의 사회적 책임 교육, 그리고 동물보호단체의 대중 캠페인 등 다양한 영역에 적용 가능하다. 단순한 지식 전달을 넘어 사람들의 인식 전환을 유도하며, 보다 적극적인 동물 보호 행동을 이끌어낼 수 있는 효과적인 수단으로 자리 잡고 있다.

유전자 공학과 동물 건강의 미래

유전자 공학 역시 동물 보호의 새로운 가능성을 열어주고 있다. 특정 유전자를 편집하여 질병 저항력을 높이고, 건강 수명을 연장시키며, 멸종위기종의 생존 가능성을 끌어올리는 기술은 동물 복지를 기술적으로 구현하는 핵심 수단이 된다. 예를 들어, 유전적 질환에 취약한 반려견 종의 DNA를 조절하거나, 멸종 위기의 동물에게 면역력 유전자를 삽입함으로써 생존율을 높일 수 있다. 물론 이 과정에서 윤리적 논란과 생명체에 대한 통제 문제는 반드시 논의되어야 한다. 하지만 기술의 오용이 아니라 올바른 사용을 위한 사회적 합의와 가이드라인이 병행된다면, 유전자 공학은 생명 연장의 도구가 아닌, 생명 보호의 첨단 기술로 정착할 수 있을 것이다.

AI 기반 예측 분석과 보존 전략

AI는 동물 보호의 예측 능력을 획기적으로 끌어올리고 있다. 예측 분석 기술을 활용하면, 멸종위기 종의 개체 수 변화나 서식지 파괴 정도를 조기에 탐지하고, 보존 우선순위를 과학적으로 설정할 수 있다. 기후 변화, 환경 오염, 개발 압력 등의 복합적 데이터를 종합하여 동물이 겪을 미래 위험을 사전에 알려주고, 이에 따라 자원 분배와 정책 개입의 타이밍을 최적화할 수 있다. AI 기반 분석은 단순한 환경 예보가 아니라, 보존 행동을 설계하고 실행하는 데 있어 핵심적인 과학적 기초가 된다. 인간의 직관과 경험만으로는 감당할 수 없는 수많은 변수들을 AI는 빠르고 정확하게 처리함으로써, 보다 전략적이고 지속 가능한 동물 보호를 가능하게 한다.

AI 기반 반려견 모니터링 시스템

한편, 일상 속에서 더욱 밀접하게 동물 복지를 경험할 수 있는 분야가 바로 반려동물 관리이다. 반려견은 많은 이들에게 가족과 같은 존재이기에, 이들의 건강과 안전을 지키는 일은 보호자에게 매우 중요한 과제다. 최근에는 인공지능과 사물인터넷(IoT)을 결합한 반려견 모니터링 시스템이 활발히 개발되고 있다. 이 시스템은 반려견의 위치 추적, 생체 신호 모니터링, 식사 및 수면 패턴 분석 등을 통해 실시간으로 건강 상태를 확인하고 위험 상황을 사전에 감지할 수 있도록 도와준다. 보호자는 스마트폰 애플리케이션을 통해 반려견의 상태를 언제 어디서든 확인할 수 있으며, 이상 징후가 감지되면 즉시 알림을 받게 된다. 이러한 데이터 기반의 반려견 관리 시스템은 보호자에게는 안심을, 반려견에게는 보다 건강하고 안정적인 환경을 제공한다. 예측 가능한 위험을 조기에 차단하고, 행동 변화나 스트레스를 분석하여 훈련이나 상담이 필요한 시점을 안내할 수 있는 장점도 있다.

결론적으로 동물 보호는 이제 과학이다. 가상현실, 유전자 공학, AI 분석, 모니터링 시스템. 이 모든 기술은 동물의 생명을 더욱 체계적으로 보호하고 존중하기 위한 도구다.

02

당신 강아지는 지금 어디에 있습니까?"

반려견이 사라졌을 때, 당신은 얼마나 빨리 찾을 수 있을까?

반려견이 열이 나는 것도, 스트레스를 받는 것도 당신은 알고 있는가? 모든 질문의 해답은 'AI 반려견 모니터링 시스템'에 있다.

반려견이 사라졌을 때, 누가 찾을 것인가?

위치 추적 장치는 GPS 기술을 기반으로 반려견의 위치를 실시간으로 파악할 수 있도록 도와주는 장치이다. 보통 반려견의 목걸이에 부착되며, 반려견이 특정 구역을 벗어날 경우 보호자에게 즉시 알림이 전송된다. 이를 통해 보호자는 반려견이 예기치 못한 장소에 있을 경우 신속히 대응할 수 있다. 특히 야외 활동이 많은 반려견에게는 필수적인 장치이다.

실종사고 발생 시, GPS 경로를 통해 반려견의 이동 동선을 추적할 수 있기 때문이다.

말하지 못하는 건강 이상, 누가 먼저 알 수 있는가?

건강 모니터링 센서는 심박수, 체온, 호흡과 같은 생체 정보를 실시간으로 수집하고 분석한다. 센서가 비정상적인 수치를 감지하면 보호자에게 즉각 알림이 발송된다. 예를 들어 체온이 급격히 상승하거나 활동량이 비정상적으로 감소한 경우, 이는 질병의 초기 신호일 수 있다.

이 시스템은 단순히 데이터를 모으는 것을 넘어, 수의사 상담 전 필요한 정보를 제공하는 조기경보 장치이다. 건강 변화가 발생해도 눈치채지 못하는 보호자에게는 혁신적인 도구가 될 수 있다.

.AI와 IoT가 반려견을 지키고 있다

AI 기반 반려견 모니터링 시스템은 GPS, IoT, 머신러닝, 클라우드 컴퓨팅 기술을 결합하여 작동한다. GPS는 실시간 위치를 제공하고, IoT는 수집된 데이터를 서버에 전송한다. 머신러닝은 비정상적인 패턴을 감지하여 이상 상황을 예측한다. 클라우드 서버는 대량의 데이터를 장기적으로 저장하고 분석할 수 있어, 통계 기반 예방 관리가 가능하다.

그러나 이 기술, 완벽하지는 않다

위치 정보와 생체 정보가 보호자의 위치까지 유추할 수 있는 위험성을 갖고 있다. 이로 인해 개인 정보 침해 우려가 존재한다. 이를 해결하기 위해 암호화 및 접근 제한 기능이 강화되어야 한다.

높은 비용

AI 시스템은 GPS 장치, 센서, 서버 인프라 등 기술적 요소가 많아 초기 비용이 높다. 일반 보호자에게는 경제적 부담이 클 수 있다. 이를 해결하기 위해 구독형 모델이나 대량 생산을 통한 단가 절감이 필요하다.

기술적 오작동

센서 오류나 데이터 누락이 발생할 경우, 잘못된 정보로 인해 위기 상황이 악화될 수 있다. 정기적인 점검과 펌웨어 업데이트, 신속한 고객 지원 체계가 뒷받침되어야 한다.

03

AI 주도 행동 분석

현대 사회에서 반려동물은 단순한 동물이 아니라 가족 구성원으로 여겨지는 경우가 많다. 이러한 문화적 변화에 따라 반려견의 복지와 건강에 대한 관심도 점차 증가하고 있다. 특히, 반려견의 행동과 그 배경을 이해하는 것은 반려견의 복지를 개선하는 데 중요한 요소다. 이와 관련하여 인공지능(AI) 기술은 반려견의 다양한 행동 패턴을 분석하고 이를 기반으로 개별 반려견에 적합한 맞춤형 복지 솔루션을 제공할 수 있는 잠재력을 지니고 있다.

인공지능 기술의 발전은 많은 산업 분야에서 혁신을 촉진하고 있으며, 반려동물 산업 또한 예외는 아니다. AI 기반의 행동 분석 도구들은 반려견이 일상생활에서 보여주는 다양한 신호들을 해석하고 이를 통해 그들의 건강 상태나 감정 상태를 추론할 수 있도록 돕는다. 이러한 기술은 반려견의 비정상적인 행동을 조기에 감지하고, 적절한 조치를 취할 수 있게 함으로써 반려견과 그 소유주 모두에게 큰 이익을 제공할 수 있다.

기술 구현 방법

반려견의 행동 분석을 위한 AI 기술 구현은 몇 가지 주요 단계를 포함한다.

 첫 번째 단계는 데이터 수집이다. 반려견의 다양한 활동과 행동 패턴 데이터는 CCTV, 웨어러블 장치, 모바일 앱 등을 통해 수집될 수 있다. 이 데이터는 반려견의 걸음걸이, 수면 패턴, 식사 습관, 소리 및 움직임 등 다양한 형태로 존재할 수 있다.

 두 번째 단계는 데이터 처리 및 학습이다. 수집된 데이터는 먼저 처리 과정을 거쳐 분석이 용이하도록 정리된다. 그 다음에는 이 데이터를 바탕으로 머신러닝 알고리즘이 반려견의 행동 패턴을 학습하게 된다. 이 과정에서 다양한 통계적 방법과 학습 알고리즘이 사용되며, 이를 통해 시스템은 반려견의 정상적인 행동과 비정상적인 행동을 구분할 수 있게 된다.

행동 기반 맞춤형 복지 제공 사례

AI 기반 행동 분석을 통해 맞춤형 복지를 제공하는 몇 가지 사례를 살펴보겠다.

첫째, 건강 모니터링은 AI가 매우 중요한 역할을 할 수 있는 분야다. AI 시스템은 반려견의 활동량을 지속적으로 모니터링하고, 이상 징후를 조기에 감지할 수 있다. 이는 특히 만성 질환을 가진 반려견에게 중요할 수 있으며, 조기 진단과 치료를 통해 반려견의 건강을 유지할 수 있도록 돕는다.

둘째, 행동 교정에서도 AI는 중요한 도구가 될 수 있다. 반려견이 부적절하거나 바람직하지 않은 행동 패턴을 보이는 경우, AI 시스템은 이를 감지하고 반려견의 행동을 교정하는 데 도움을 줄 수 있는 트레이닝 프로그램이나 권장 사항을 제공할 수 있다.

AI 기술을 활용한 반려견의 행동 분석은 반려견 개별에 맞는 맞춤형 복지 제공을 가능하게 하며 이는 반려견 뿐만 아니라 그들의 소유주에게도 큰 이점을 제공한다. 이 기술의 지속적인 발전과 적용은 반려동물 산업에 큰 변화를 가져올 것이며 더 많은 반려견이 건강하고 행복한 생활을 할 수 있게 하는 열쇠가 될 것이다.

04

AI 강화 교육 프로그램

인공지능을 활용한 효과적인 훈련 및 교육 방법

　인공지능(AI)의 급격한 발전은 사회 전반에 걸쳐 깊은 영향을 미치고 있다. 그중에서도 교육 분야는 AI 기술을 통해 새로운 가능성과 기회를 마주하게 되었다. 특히 AI를 기반으로 한 교육 프로그램은 전통적인 교육 방식을 혁신하며, 학습자 개개인의 필요에 맞춘 맞춤형 학습과 지속적인 피드백 제공을 가능하게 한다.

　AI 기반 교육의 중요성은 단순히 학습 효율성을 높이는 것을 넘어, 학습자들이 보다 능동적으로 지식을 탐구하고 습득할 수 있도록 돕는 데 있다. 기존의 교육 시스템은 일방적인 지식 전달 방식에 의존하는 경우가 많았다.

　그러나 AI는 이를 개선하여 학습자가 능동적으로 학습에 참여하도록 독려하고 자신의 학습 속도와 수준에 맞춘 교육 과정을 제공할 수 있다. 이와 더불어 AI 기반 교육은 언제 어디서나 접근이 가능하다는 장점을 가지고 있어 학습자가 자신의 일정에 맞춰 학습을 계획하고 수행할 수 있는 유연성을 제공한다.

이를 위해 AI가 어떻게 교육의 질을 향상시키고, 학습 효율성을 높일 수 있는지를 분석할 것입니다. 또한 AI를 활용한 학습 도구와 평가 시스템, 학습 동기 부여 및 참여 유도 방식, 그리고 효과적인 교육 프로그램 설계 원칙에 대해 다룰 것이다. 이러한 논의는 AI와 교육의 융합이 가져올 수 있는 긍정적인 영향을 이해하고, 이를 통해 보다 효과적인 교육 시스템을 구축하는 데 중요한 시사점을 제공할 것이다.

AI 기반 교육 프로그램의 중요성

AI 기반 교육 프로그램의 가장 큰 장점 중 하나는 학습자의 개인적인 필요에 맞춘 맞춤형 교육을 제공할 수 있다는 점이다. 전통적인 교육 방식은 대개 대규모 학습자를 대상으로 일관된 교육 콘텐츠를 전달하는 방식이었기 때문에 개별 학습자의 능력과 이해도를 충분히 고려하지 못하는 경우가 많았다. 그러나 AI는 학습자의 학습 패턴과 성향을 분석하여 개별 맞춤형 학습 경로를 제안함으로써 이러한 문제를 해결할 수 있다.

예를 들어, AI는 학습자의 기존 성취도를 기반으로 하여 학습 목표를 설정하고 학습자가 어려움을 겪는 주제에 더 많은 시간을 투자할 수 있도록 유도한다.

이를 통해 학습자는 자신의 속도와 이해도에 맞게 학습을 진행할 수 있으며 이는 학습의 질을 높이는 데 큰 기여를 한다. 이러한 맞춤형 학습 방식은 특히 학습 동기가 낮거나 학습 속도가 다른 학습자에게 매우 유용하다. 개인 맞춤형 교육을 통해 학습자는 자신의 학습 성과를 직접적으로 경험할 수 있으며 이는 학습에 대한 흥미와 참여를 촉진하는 요소가 된다.

또한, AI는 반복적이고 루틴한 작업을 대신 수행하여 교사와 강사가 보다 창의적이고 전략적인 교육 활동에 집중할 수 있도록 돕는다. 예를 들어, AI는 기초 개념 설명이나 학습 자료 제공 등의 작업을 자동으로 처리하고 교사는 이를 바탕으로 심화 학습이나 토론을 유도하는 방식으로 수업을 구성할 수 있다. 이로 인해 교사는 학습자의 고유한 학습 경로를 설계하는 데 더 많은 시간을 투자할 수 있으며 학습자는 더욱 개별화된 학습을 경험하게 된다. 이렇듯 AI 기반 교육 프로그램은 학습자 맞춤형 교육을 실현하는 중요한 역할을 하며 이는 학습의 효율성과 만족도를 동시에 높이는 결과를 가져온다. AI를 활용한 교육의 중요성은 앞으로 더욱 강조될 것이며 이러한 프로그램을 통해 미래의 교육 환경이 한층 발전할 것으로 기대된다.

AI 기반 학습 도구의 활용

　AI 기술을 활용한 학습 도구는 교육의 여러 측면에서 혁신을 이끌어 내고 있다. 다양한 AI 학습 도구는 학습자에게 적응형 학습을 제공하고, 학습자가 필요로 하는 정보와 학습 자료를 맞춤형으로 제공할 수 있도록 설계되었다. 대표적인 AI 학습 도구로는 적응형 학습 시스템, 챗봇 튜터링, 가상현실(VR)과 증강현실(AR) 학습 도구 등이 있다.

　적응형 학습 시스템은 학습자의 학습 데이터를 기반으로 학습 난이도를 조정하고, 실시간으로 피드백을 제공한다. 예를 들어, Coursera와 같은 온라인 학습 플랫폼에서는 학습자의 학습 패턴을 분석하여 개인 맞춤형 학습 경로를 제안한다. 학습자가 어려움을 느끼는 부분에 대해서는 추가적인 설명을 제공하고, 더 많은 연습 문제를 제시하여 학습자의 이해도를 높인다. 이와 같은 적응형 학습 시스템은 특히 온라인 교육에서 학습자들이 자신만의 학습 속도에 맞추어 학습할 수 있는 유연성을 제공함으로써 학습 효과를 극대화한다. 챗봇을 통한 튜터링도 AI 학습 도구의 대표적인 예다.

챗봇은 학습자가 질문을 할 때 즉각적인 답변을 제공하는 형태로, 학습 지원 도구로 활용되고 있다. 학습자들은 언제든지 챗봇을 통해 학습에 대한 질문을 할 수 있으며, AI가 즉각적인 답변을 제공함으로써 학습 속도를 높이고, 학습자가 더 많은 지식을 습득할 수 있도록 돕는다.

챗봇은 또한 학습자의 수준에 따라 적절한 학습 자료를 제공하는 데도 유용하게 활용될 수 있다.
가상현실(VR)과 증강현실(AR) 학습 도구는 특히 실험적 학습이나 실습이 필요한 분야에서 활용된다.
예를 들어, 의료 교육에서는 VR을 통해 학습자들이 가상 공간에서 해부학을 체험할 수 있다. 이러한 체험은 실제 상황과 유사한 경험을 제공하여 학습자의 이해도를 높이며 실습 경험을 통해 학습 내용을 더욱 깊이 있게 습득할 수 있도록 한다. 이러한 AI 학습 도구는 기존의 교육 방식으로는 제공하기 어려운 몰입형 학습 환경을 제공함으로써 학습자들에게 실질적인 학습 경험을 선사한다.

AI 기반 평가 시스템

AI 기반 평가 시스템은 학습자의 성과를 측정하고, 이를 바탕으로 학습 방향을 조정할 수 있는 중요한 도구다. 기존의 평가 방식은 주로 일회성 시험이나 평가 과제를 통해 학습자의 성과를 측정했지만, AI는 학습자가 학습 과정에서 보여준 모든 데이터를 종합적으로 분석하여 보다 종합적인 평가를 가능하게 한다. 이는 특히 학습자의 장기적 성장을 지원하는 평가 방식으로서 큰 잠재력을 가지고 있다.

AI는 학습자가 제출한 과제를 자동으로 평가할 수 있으며 이를 통해 교사나 강사가 더 많은 학습자에게 피드백을 제공할 수 있도록 한다. 예를 들어, 에세이 작성과 같은 주관식 평가에서 AI는 자연어 처리(NLP) 기술을 사용하여 학습자의 문법, 논리적 흐름, 창의성 등을 분석합니다. 이를 통해 학습자는 자신의 약점을 파악하고, 개선할 수 있는 기회를 얻는다.

또한 AI 기반 평가 시스템은 학습자가 학습 과정에서 진행한 각 활동을 데이터로 수집하고, 이를 바탕으로 학습자의 학습 패턴을 분석할 수 있다. 학습자가 특정 주제에서 자주 실수를 하거나, 시간을 많이 투자한 부분을 파악해 이러한 약점에 대한 맞춤형 피드백을 제공한다.

이와 같은 피드백은 학습자가 자신의 강점과 약점을 인식하고, 학습 방향을 개선하는 데 유용한 정보를 제공하는 역할을 한다.
　AI 평가 시스템의 또 다른 장점은 실시간 피드백을 제공하여 학습자에게 즉각적인 교정 기회를 준다는 것이다. 학습자가 과제를 수행할 때 즉각적인 피드백을 받게 되면 실수를 바로잡고 올바른 방식으로 학습을 이어갈 수 있다.

　예를 들어, 코딩 학습에서는 코드 작성 중 발생하는 오류에 대해 AI가 실시간으로 오류 원인을 설명하고 해결 방안을 제시할 수 있다. 이러한 실시간 피드백은 학습 효율성을 크게 높여주며 학습자가 지식을 빠르게 습득할 수 있도록 돕는다.
　또한 학습 패턴, 학습 속도, 성취도를 종합적으로 분석하여 학습자의 전반적인 성과를 평가한다. 이러한 분석은 학습자의 향후 학습 방향을 설정하는 데 유용한 정보를 제공하며, 교사와 학습자가 보다 효과적인 학습 계획을 수립할 수 있도록 돕는다. 이렇듯 AI 기반 평가 시스템은 단순히 학습 성과를 평가하는 도구를 넘어 학습자의 성장을 촉진하고 학습 효율성을 높이는 중요한 역할을 한다.

AI를 통한 학습 동기 부여 및 참여 유도

AI는 학습자의 동기 부여와 참여 유도를 위한 다양한 전략을 제공하여 학습 환경을 보다 흥미롭고 몰입감 있게 만든다. AI를 활용한 교육 프로그램에서는 학습자에게 동기 부여 요소를 추가함으로써, 학습 과정에 대한 흥미를 지속적으로 유지할 수 있다. 대표적인 동기 부여 방식으로는 게임화(gamification)와 소셜 러닝 플랫폼이 있습니다.

게임화(gamification)는 학습 과정을 게임처럼 설계하여 학습자가 목표를 달성할 때마다 보상을 주는 방식이다. AI는 학습자가 학습 과정에서 일정한 성취를 이룰 때마다 가상 보상을 제공하고 이를 통해 학습자의 성취감을 높여준다.

학습자는 작은 목표를 하나씩 달성하면서 학습에 대한 흥미를 유지할 수 있으며 목표를 달성할 때마다 성취감을 느끼며 학습에 대한 긍정적인 태도를 가지게 된다. 예를 들어, 외국어 학습 애플리케이션에서는 AI가 단어를 맞출 때마다 점수를 부여하고, 새로운 단계를 열 수 있는 보상을 제공합니다. 이러한 보상 시스템은 학습자의 경쟁심과 성취감을 자극하여 학습 참여를 높이는 데 효과적이다.

또한 AI 기반 소셜 러닝 플랫폼은 학습자 간의 상호작용을 촉진하여 학습 동기를 높이는 역할을 한다.

AI는 학습자들이 특정 주제에 대해 토론을 하거나 의견을 나눌 수 있는 커뮤니티를 조성하고, 이를 통해 학습자들이 서로의 생각을 공유하며 협력적으로 학습할 수 있도록 한다. 이러한 상호작용은 학습자들에게 새로운 관점을 제공하고, 학습자들이 서로 지식을 나누고 배우는 경험을 통해 학습의 깊이를 더할 수 있게 한다. 특히 그룹 학습을 통해 학습자는 문제 해결 능력과 의사소통 능력을 기를 수 있으며, 이는 학습 동기를 높이는 중요한 요소로 작용한다. 또 다른 기능으로는 학습자가 학습에 대한 목표와 진척 상황을 시각적으로 확인할 수 있도록 도와준다.

예를 들어, AI는 학습자의 학습 성취도를 그래프로 나타내어 학습자가 자신이 어느 정도의 학습을 달성했는지 한눈에 파악할 수 있게 한다. 이러한 시각적 정보는 학습 동기 부여에 큰 도움이 된다. 학습자들은 AI가 제공하는 동기 부여 요소들을 통해 학습 과정에서 자신감을 키우고 학습에 대한 긍정적인 태도를 형성하게 된다. 이는 학습의 지속 가능성을 높이는 중요한 요소로, AI를 통한 교육 프로그램의 효과를 더욱 높이는 데 기여한다.

효과적인 AI 교육 프로그램 설계 원칙

효과적인 AI 교육 프로그램을 설계하기 위해서는 몇 가지 핵심 원칙을 고려해야 한다. 이러한 원칙들은 학습자의 개별적인 필요와 학습 성향을 존중하며, AI의 잠재력을 최대한 활용할 수 있도록 돕는다.

첫째, 맞춤형 학습 경로 설계는 AI 교육 프로그램에서 가장 중요한 요소 중 하나입니다. 학습자는 각자의 학습 속도와 이해도에 맞춰 학습을 진행할 수 있어야 하며, 이를 위해 AI는 학습자의 현재 수준과 학습 목표에 맞는 개별 학습 경로를 제공한다. 예를 들어, AI는 학습자의 과거 성과 데이터를 바탕으로 맞춤형 학습 콘텐츠를 추천하고, 학습자가 학습에 필요한 주제를 더 깊이 이해할 수 있도록 도와준다. 이러한 맞춤형 학습 경로는 학습자가 자신에게 맞는 학습 속도로 학습을 진행할 수 있도록 하여, 학습의 효율성을 크게 높여준다.

둘째, 실시간 피드백 제공이 중요하다. 학습자가 학습 과정에서 실시간으로 피드백을 받게 되면, 즉각적인 교정이 가능하며 학습자가 오류를 빠르게 인식하고 개선할 수 있다.

예를 들어, 수학 문제를 푸는 과정에서 AI는 학습자의 답안을 바로 평가하고, 잘못된 부분에 대한 힌트를 제공한다. 이러한 실시간 피드백은 학습자의 성취도를 높이고, 학습에 대한 자신감을 향상시킬 수 있다.

셋째, 데이터 기반 학습 성과 분석이 필요하다. AI는 학습자의 학습 데이터를 수집하고 분석하여, 학습자의 성과와 성장 과정을 종합적으로 평가할 수 있다. 이러한 분석 결과는 학습자와 교육자가 학습 계획을 조정하는 데 중요한 정보를 제공하며, AI는 학습자의 학습 성향과 목표에 맞는 맞춤형 학습 전략을 제안합다. 데이터 기반 학습 성과 분석을 통해 학습자는 자신의 강점과 약점을 인식하고, 이를 바탕으로 학습을 개선할 수 있는 기회를 얻을 수 있다.

마지막으로, 윤리적 고려가 필요하다. AI를 활용한 교육 프로그램에서는 학습자의 개인 정보 보호와 사생활 보장이 중요한 이슈로 대두되고 있다. AI가 학습자의 데이터를 수집하고 분석하는 과정에서 데이터 보안과 프라이버시 보호는 필수적이다. 이를 위해 학습자 데이터의 안전한 관리와 활용에 대한 정책을 마련하고, AI의 윤리적 사용을 위한 가이드라인을 제공하는 것이 중요하다.

이와 같은 원칙들을 바탕으로 설계된 AI 교육 프로그램은 학습자의 개별적인 학습 필요에 부합하며 AI의 장점을 최대한 활용하여 교육의 질을 높일 수 있다. 학습자가 자신에게 맞는 학습 방법을 선택하고, 학습 과정에서 실시간 피드백과 지원을 받을 수 있는 환경은 학습의 효율성을 극대화할 수 있는 이상적인 교육 환경을 제공한다.

AI 기반 교육 프로그램은 교육 분야에서 큰 혁신을 일으키고 있습니다. 맞춤형 학습 경로 설계, 실시간 피드백, 데이터 기반 성과 분석 및 윤리적 고려는 AI가 교육에 적용되었을 때 긍정적인 효과를 극대화할 수 있는 중요한 요소들이다. 이러한 요소들은 학습자의 학습 경험을 더욱 풍부하게 하며, 학습 효율성을 높여준다.

AI를 통한 교육의 발전은 학습자의 개별적 성장과 발전을 지원할 뿐만 아니라, 교육의 접근성을 확대하는 데도 기여한다. 예를 들어, 시간과 장소의 제약 없이 AI 교육 프로그램에 접근할 수 있다는 점은 학습자들이 보다 자유롭고 유연하게 학습을 진행할 수 있게 한다. 이러한 접근성은 특히 사회적, 경제적 여건으로 인해 기존 교육의 혜택을 받기 어려웠던 사람들에게도 학습 기회를 제공하여 교육의 평등성을 증진시키는 데 큰 역할을 한다.

이로 인해 AI 기반 교육 프로그램은 교육의 질적 향상뿐만 아니라 사회적 가치도 실현할 수 있는 강력한 도구로 자리 잡고 있다.

AI와 교육의 융합은 미래 교육의 방향성을 제시하며, 학습자가 자신의 능력과 목표에 맞는 맞춤형 학습을 할 수 있도록 지원한다.

결론적으로, AI 기반 교육 프로그램은 학습 효율성을 극대화하고, 학습자 개개인에게 적합한 교육 기회를 제공함으로써 전통적인 교육 방식을 넘어선 혁신적인 교육 패러다임을 창출하고 있다. 이러한 교육 프로그램은 미래 사회의 학습자들이 변화하는 환경에 유연하게 대처하고, 필요한 지식과 기술을 효과적으로 습득하는 데 중요한 역할을 할 것이다.

05

"유기견 구조, 이제 AI가 한다"

쓰레기처럼 버려진 강아지 한 마리. 보호소는 이미 포화 상태이고, 구조는 늦다. 하지만 이젠 다르다. AI가 유기견의 생명을 구하고, 보호소까지 책임지는 시대가 열리고 있다.

유기견 문제는 '사회 시스템'의 실패다

유기견 문제는 단순히 몇몇 무책임한 개인의 문제가 아니다. 도시화, 반려동물 산업의 성장, 제도 미비 등 구조적인 원인이 복합적으로 얽혀 있다. 이는 단순한 동물 복지의 문제를 넘어, 사회 안전과 공공 건강, 도시 질서에까지 영향을 미친다. 거리의 유기견은 교통사고, 전염병, 주민 불안, 위생 문제를 유발할 수 있다. 따라서 체계적이고 과학적인 관리 시스템이 절실히 필요하다. 그리고 지금, 그 해결책은 AI에서 찾을 수 있다.

유기견 위치 자동 추적

CCTV, 드론, 자율주행차 등 도시 인프라와 연동된 AI 영상 인식 기술은 거리에서 배회하는 유기견을 자동으로 식별하고 실시간으로 위치를 추적할 수 있다. 이 기술은 사람이 직접 수색하지 않아도 구조 가능성을 크게 높인다.

구조 우선순위 설정

AI는 유기견의 외형, 움직임, 주변 환경을 분석해 위험도 점수를 산출한다. 예를 들어 교통량이 많은 도로에 있거나, 건강이 나빠 보이는 유기견은 즉시 구조 대상 1순위로 분류되어 빠른 대응이 가능해진다.

보호소 자동 배정

AI는 각 보호소의 수용 가능 인원, 위치, 특성, 의료 가능 여부 등을 실시간으로 분석한다. 그리고 유기견의 상태와 특성에 따라 가장 적절한 보호소를 배정한다. 이를 통해 과잉 수용 문제를 해결하고, 유기견에게 최적의 환경을 제공할 수 있다.

구조·관리 데이터 자동 수집

구조 시점, 이동 시간, 배정 보호소, 건강 상태, 이후 상태 변화까지 모든 과정이 자동으로 기록되고 데이터화된다. 이 정보는 정부, 지자체, 동물복지단체의 정책 수립과 예산 배분에도 중요한 역할을 한다.

AI 유기견 시스템이 가져올 긍정적 변화

AI 유기견 관리 시스템은 단지 자동화 기술이 아니다. 사회 전체의 복지 시스템을 재설계하는 혁신 도구이다.

생존율 증가
AI 시스템은 구조 반응 속도를 획기적으로 높인다. 그 결과, 과거보다 훨씬 더 많은 유기견이 조기에 발견되어 구조될 수 있다.

보호소 운영 최적화
보호소의 수용 상황을 고려한 AI 배정은 자원 낭비를 줄이고, 과잉수용으로 인한 복지 저하를 방지한다.

유기견 맞춤 복지 실현

AI는 유기견의 건강과 심리 상태를 기반으로 조용한 환경, 의료 지원, 사회화 훈련 등 적합한 조건의 보호소를 추천할 수 있다. 이를 통해 유기견은 더 안정적이고 스트레스 없는 보호 환경에서 회복할 수 있다.

데이터 기반 정책 수립

AI가 생성한 구조·관리 데이터를 통해 지역별 유기견 발생 밀도, 구조 소요 시간, 반복 발생 지역 등을 분석할 수 있다. 이 데이터는 예방 캠페인, 법제도 개선, 인프라 확대 등에 직접 활용될 수 있다.

결론적으로 AI는 유기견 보호의 '최전선'에 있다. AI 기반 유기견 보호 시스템은 단순한 기술 솔루션이 아니다. 이 시스템은 동물의 생명권을 보장하고, 사회의 공공복지를 높이며, 행정의 효율성을 끌어올리는 핵심 수단이다. AI가 유기견 문제 해결에 적용될수록 구조는 더 빨라지고 보호는 더 정밀해지며 예산은 더 효율적으로 쓰이게 된다. 이제 유기견 보호는 감정이 아닌 과학으로 해야 할 시대다. AI는 지금 이 순간에도 거리 어딘가의 유기견을 향해 작동 중이다.

그리고 우리는 이 시스템이 더 많은 생명을 구할 수 있도록 확산시키고, 정착시켜야 한다.

부록

반려동물 구급차 서비스

영국에서 반려동물 복지의 새로운 전환점을 열다

　코로나19 팬데믹 이후, 영국에서는 약 470만 가구가 반려동물을 새롭게 가족으로 맞이했습니다. 이는 반려동물을 단순한 애완동물이 아닌 가족 구성원으로 여기는 인식의 변화를 반영하며 이 변화는 반려동물 전용 응급 서비스를 필요로 하게 되었습니다. 반려동물 전용 구급차 서비스가 이에 대응하여 등장하였으며 대표적인 제공 업체인 '애니멀즈 앳 홈(Animals at Home)'은 빠른 대응을 통해 반려동물의 생명을 지킬 수 있는 기반을 마련하고 있습니다.

애니멀즈 앳 홈의 반려동물 전용 구급차 서비스

애니멀즈 앳 홈은 시간당 약 30파운드(한화 약 4만 5천 원)에 반려동물 전용 구급차 서비스를 제공하고 있습니다. 이 서비스는 중대하고 긴급한 상황뿐만 아니라, 수의사에게 방문을 꺼려하는 반려견처럼 가벼운 상황에서도 이용할 수 있습니다. 구급차 서비스는 해당 지역의 수의사와 연결되어 있어 빠른 처치와 연계가 가능하며 긴급 상황에 맞춘 케어가 이루어집니다.

이처럼 애니멀즈 앳 홈의 서비스는 반려동물이 처한 다양한 상황에 맞춰 효과적으로 대응할 수 있도록 설계되었습니다

전문 교육과 지원 체계

애니멀즈 앳 홈은 직영점 외에도 여러 가맹점을 통해 서비스를 운영하며 모든 가맹점은 2일간의 집중 교육을 통해 반려동물 응급처치 및 케어 교육을 이수합니다. 이러한 교육을 통해 가맹점은 반려동물 응급 상황에서 신속하게 대응할 수 있는 전문성을 갖추고 있습니다. 또한, 응급 상황 중 반려동물이 사망했을 경우, 지역 반려동물 화장터와 협력하여 추가 서비스를 제공하여 반려인들에게 심리적 안정을 제공합니다.

지방 의회와 협력하여 제공되는 서비스

애니멀즈 앳 홈은 영국의 케어법(Care Act)에 따라 지방 의회와 협력하여 반려인이 입원 중일 때 교통편을 지원하고 반려동물 위탁 서비스를 제공합니다. 이를 통해 반려동물이 홀로 남겨지지 않고 돌봄을 받을 수 있는 환경을 조성하고 있습니다.

이는 반려동물 보호와 복지에 대한 인식이 높아짐에 따라 제도적으로도 반려동물을 가족 구성원으로 간주하고 필요한 돌봄을 제공하는 방향으로 정책이 발전하고 있음을 보여줍니다.

반려동물 응급 서비스의 미래 전망

애니멀즈 앳 홈의 공동 관리 이사 이언 셰링은 반려동물 전용 응급 서비스의 인식 확대가 여전히 도전 과제임을 밝혔으나, 더 나아가 반려동물 복지와 보호에 기여할 수 있는 다양한 방안을 모색하고 있습니다. 이는 반려동물의 생명을 보호하고, 반려인들이 더욱 안심하고 반려동물과 함께할 수 있도록 돕는 중요한 서비스로 자리매김하고 있습니다. 앞으로 반려동물 응급 서비스가 더욱 확산되고, 그 중요성이 인정되어 더 많은 반려동물이 보호받는 환경이 조성될 것으로 기대됩니다.

코넬 대학교 동물보호소와 동물보호소 의학

동물보호소는 유기동물들에게 마지막으로 머물 수 있는 안식처를 제공하는 공간입니다. 단순한 보호를 넘어 인도적인 관리를 통해 동물의 건강과 복지를 책임지고 이들에게 새로운 가정으로의 입양 기회를 제공합니다.

 이러한 동물보호소의 역할은 동물 복지의 핵심적인 부분으로 자리 잡고 있으며, 사회적, 윤리적으로도 중요한 의미를 갖고 있습니다. 동물보호소의 기능과 역할이 중요시되는 이유는 단순히 유기동물 문제를 해결하는 것뿐만 아니라, 사람과 동물이 공존하는 사회를 지향하기 때문입니다.

미국과 한국의 비교

미국과 한국은 동물보호소 운영 방식에서 많은 차이점을 보이고 있습니다. 미국의 동물보호소는 다양한 자원과 프로그램을 통해 인도적인 동물 관리를 위해 노력하는 반면, 한국은 지자체와 정부의 관리 체계 하에 운영되면서도 자원과 인력의 부족을 겪고 있습니다. 특히, 미국의 동물보호소는 수의사와 전문 인력이 상주하여 동물의 건강을 체계적으로 관리할 수 있는 반면, 한국의 경우 이러한 체계가 미흡하여 동물 복지 수준이 다소 낮은 편입니다.

코넬 대학교 동물보호소 의학 프로그램의 필요성

이러한 차이를 좁히고, 한국의 동물보호소 운영이 보다 체계적이고 인도적인 방향으로 나아가기 위해서는 코넬 대학교의 동물보호소 의학 프로그램이 좋은 본보기가 될 수 있습니다. 코넬 대학교는 동물보호소 내에서 의학적 지원과 인도적 관리가 가능하도록 수의사와 전문 인력을 양성하는 교육 프로그램을 운영하고 있으며, 이를 통해 동물보호소의 전문성과 동물 복지를 크게 향상시키고 있습니다. 이러한 프로그램의 필요성과 가능성은 한국에서도 마찬가지이며, 이를 통해 동물보호소가 단순 보호를 넘어 인도적이고 전문적인 보호의 장이 될 수 있을 것입니다.

코넬 대학교의 동물보호소 의학 프로그램

프로그램 개요 및 목적

코넬 대학교의 동물보호소 의학 프로그램은 동물보호소 내에서 활동할 수 있는 수의사 및 전문 인력을 양성하기 위해 개발되었습니다. 이 프로그램은 동물보호소가 단순히 유기동물을 임시로 보호하는 공간에 그치지 않고, 그들의 건강과 복지를 지속적으로 보장할 수 있는 장소가 될 수 있도록 목표를 설정하고 있습니다.

프로그램 참여자들은 동물 보호와 복지의 중요성을 인식하며, 보호소 내의 의학적 관리를 통해 동물의 삶의 질을 높이는 데 기여할 수 있습니다.

프로그램의 특징

코넬 대학교는 이 프로그램에서 동물보호소 의학 과목을 필수 과정으로 포함하고 있으며, 학생들은 이를 통해 동물 보호에 필요한 의학적 지식과 기술을 학습합니다. 또한, 1년 동안 보호소에서 실습하며 실무 경험을 쌓고, 보호소 운영에 대한 이해도를 높입니다. 이러한 체계적인 교육은 수의사와 관리 인력이 동물보호소 내에서 효율적이고 인도적인 방법으로 동물들을 돌볼 수 있게 합니다.

프로그램의 성과와 효과

프로그램을 통해 배출된 인력은 동물보호소의 의료 관리 및 복지 수준을 크게 향상시키고 있으며, 이러한 전문 인력의 존재는 보호소 운영의 효율성과 동물 복지의 질을 높이는 데 크게 기여하고 있습니다. 따라서, 이 프로그램은 동물보호소 내에서의 인도적인 관리와 전문성을 증대시키는 효과를 거두고 있습니다.

한국의 동물보호소 운영 현황

지자체와 정부의 역할

한국의 동물보호소 운영은 주로 지자체와 정부의 관리 하에 이루어지고 있습니다. 각 지역의 지자체는 유기동물 보호와 관리 책임을 지고 있으며, 보호소 시설 운영과 예산 지원을 통해 동물들을 보호하고 있습니다. 하지만 이러한 운영 체계는 예산 부족과 인력의 한계로 인해 보호소의 효율성과 동물 복지의 질을 높이는 데 어려움을 겪고 있습니다. 지자체마다 보호소의 운영 방식이 다르고, 표준화된 지침이 부족하여 운영의 일관성이 떨어지는 문제가 발생하고 있습니다.

현재 운영상의 문제점

한국의 동물보호소 운영에서 가장 큰 문제는 전문 인력과 예산 부족입니다. 동물보호소에 상주하는 수의사와 관리 인력이 부족하여, 보호소 내 동물들의 건강 관리가 체계적으로 이루어지지 않는 경우가 많습니다. 또한, 예산이 제한적이다 보니 시설의 현대화나 동물 복지 개선이 어려워지는 상황입니다. 이로 인해 보호소 내의 환경이 열악해지고, 동물들이 기본적인 복지조차 받지 못하는 경우가 생깁니다.

대중 인식 및 지원 부족

한국 사회에서는 유기동물 문제에 대한 인식과 지원이 아직 충분히 이루어지지 않고 있습니다. 많은 사람들이 유기동물 문제를 지자체나 정부의 문제로만 생각하며, 동물보호소가 필요로 하는 재정적, 인적 지원이 부족한 상황입니다. 이로 인해 동물보호소 운영이 더욱 어려워지며, 보호소 내 동물들이 충분한 보호를 받지 못하게 됩니다.

문제점 분석

① 수의사와 전문 인력 배치의 부족

한국의 동물보호소에는 수의사와 전문 인력이 부족하여 동물들의 건강 관리와 복지가 충분히 이루어지지 않고 있습니다. 특히, 수의사가 상주하지 않는 보호소는 동물들이 긴급한 상황에서도 적절한 치료를 받지 못하는 경우가 많으며, 이로 인해 동물의 생명이 위협받는 상황이 발생할 수 있습니다. 이러한 문제는 동물보호소의 역할과 의의를 훼손하며, 동물 복지 수준을 저하시킵니다.

② 동물보호소 운영지침의 부재

한국의 동물보호소 운영은 표준화된 운영 지침이 부족하여 일관성 있게 운영되지 않는 문제가 있습니다. 이러한 지침의 부재는 보호소의 운영 효율성과 동물 복지 수준을 떨어뜨리며, 각 지자체마다 다른 방식으로 운영되어 보호의 질이 일관되지 못하게 됩니다. 따라서, 동물보호소 운영의 표준화와 지침 마련이 절실히 필요합니다.

② 시설의 노후화와 예산 부족

많은 한국의 동물보호소가 예산 부족과 노후화된 시설로 인해 동물들에게 적절한 보호 환경을 제공하지 못하고 있습니다. 보호소 시설이 오래되고 열악하다 보니 동물들이 스트레스를 받으며, 그들의 건강 상태가 악화될 가능성이 높아집니다. 또한, 한정된 예산으로 인해 시설의 현대화와 관리가 원활하게 이루어지지 못하고 있습니다.

해결방안

동물보호소 의학 교육 프로그램 도입

코넬 대학교의 동물보호소 의학 프로그램을 모델로 삼아, 한국에서도 동물보호소 의학 교육 프로그램을 도입하는 방안을 제안합니다. 이를 통해 보호소에 실질적인 도움을 줄 수 있는 전문 인력을 양성하고, 보호소 내에서 동물들이 필요한 의료적 지원을 받을 수 있도록 해야 합니다. 이러한 프로그램 도입은 동물보호소 운영의 전문성을 높이고, 동물 복지 수준을 향상시키는 데 기여할 것입니다.

가이드라인 수립과 수의사 배치

한국 내 동물보호소 운영의 일관성과 효율성을 높이기 위해서는 표준화된 가이드라인의 마련이 필수적입니다. 동물보호소 운영지침을 명확히 하고, 최소한의 수의사를 배치하여 각 보호소가 기본적인 동물 복지 기준을 충족할 수 있도록 해야 합니다. 이러한 조치는 동물보호소 내에서 동물들이 적절한 보호와 치료를 받을 수 있게 하며, 보호소의 운영 효율성을 크게 향상시킬 것입니다.

사회적 인식 제고 및 민간 협력

유기동물 보호의 중요성을 사회적으로 알리고, 동물보호소에 대한 민간의 관심과 지원을 증대시키는 것도 중요한 과제입니다. 시민들이 유기동물 문제를 사회적 책임으로 인식하게 하고, 민간 단체와의 협력을 통해 보호소 운영을 지원하는 방안을 모색해야 합니다. 이를 통해 보호소 운영의 안정성과 지속성을 확보할 수 있을 것입니다.

정부의 지원 강화

정부는 동물보호소 운영에 필요한 인프라와 예산을 보다 확충할 필요가 있습니다. 동물보호소의 시설을 현대화하고, 필요한 장비와 자원을 제공함으로써 동물들이 안전하고 건강하게 보호될 수 있는 환경을 조성해야 합니다.

예산 지원뿐만 아니라, 동물보호 관련 법적 규제와 운영 표준을 강화하여 동물복지의 수준을 높일 수 있는 정책을 마련해야 합니다. 이러한 정부의 적극적인 지원은 보호소의 안정적인 운영을 가능하게 하며, 유기동물 문제 해결에 큰 기여를 할 수 있습니다.

전문화된 동물보호소의 필요성

한국의 동물보호소는 유기동물을 보호하는 데 있어 인도적이고 전문적인 역할을 수행해야 합니다. 코넬 대학교의 동물보호소 의학 프로그램과 같은 전문화된 교육과 훈련이 필요하며, 이를 통해 보호소가 단순한 임시 보호소를 넘어 동물 복지를 실현하는 기관으로 발전할 수 있어야 합니다. 이러한 변화는 동물보호소의 효율성뿐만 아니라, 사회 전반의 동물복지 의식을 향상시키는 데 기여할 것입니다.

코넬 대학교 사례의 교훈

코넬 대학교의 동물보호소 의학 프로그램은 한국에서도 동물보호소가 인도적이고 체계적인 보호를 제공할 수 있는 하나의 좋은 모델이 됩니다. 수의사와 전문 인력을 통해 동물의 건강과 복지를 보호하는 것은 동물보호소 운영의 필수적인 요소이며, 이와 같은 프로그램을 통해 한국에서도 보호소의 수준을 높일 수 있는 가능성을 제시하고 있습니다.

향후 전망

본 보고서에서 제안된 방안들이 실현된다면, 한국의 동물보호소는 유기동물에게 마지막 기회를 제공하는 인도적이고 전문적인 보호의 장으로서 자리 잡을 수 있을 것입니다. 이는 단순히 동물복지의 향상에 그치지 않고, 인간과 동물이 조화롭게 공존하는 사회를 지향하는 중요한 이정표가 될 것입니다. 한국의 동물보호소가 앞으로 더욱 발전하고, 사회적 책임을 다할 수 있도록 각종 지원과 노력이 지속되기를 바랍니다.

반려동물 구급차의 등장 배경

　반려동물은 현대인들에게 단순한 애완동물이 아닌 가족의 일원으로 자리 잡고 있습니다. 이들이 아플 때나 다쳤을 때 보호자들은 당연히 최선을 다해 의료기관으로 데려가고 싶어 하지만, 때로는 현실적인 제약이 큰 걸림돌이 되곤 합니다. 특히 대중교통이나 택시가 반려동물과의 동승을 거부하는 경우가 많아 보호자들은 응급 상황에서 반려동물을 신속하게 병원으로 이송하기가 쉽지 않습니다. 이런 문제는 한국뿐만 아니라 전 세계 많은 국가에서 일상적으로 발생하고 있습니다.

　아르헨티나에서도 반려동물을 동반하는 이동이 쉽지 않은 상황 속에서 한 청년이 반려동물을 위한 무료 구급차 서비스를 시작하며 주목받고 있습니다. 바로 세바스티안 파르포르입니다. 그가 시작한 반려동물 전용 구급차는 응급 상황에서 반려동물을 안전하게 이송할 수 있는 유일한 수단으로 자리 잡고 있으며, 그 과정에서 그의 깊은 동물 사랑과 봉사 정신이 돋보이고 있습니다.

이러한 배경 속에서 파르포르는 어떻게 이와 같은 서비스를 시작하게 되었는지, 그의 봉사에 담긴 의미는 무엇인지 탐구해 보고자 합니다. 또한 이러한 서비스가 가지는 사회적 필요성과 중요성에 대해서도 살펴볼 것입니다. 그의 이야기는 동물 보호와 복지의 새로운 가능성을 제시하며, 아르헨티나는 물론 전 세계 동물 애호가들에게 큰 감동을 주고 있습니다.

세바스티안 파르포르와 반려동물 전용 구급차의 탄생

세바스티안 파르포르는 어린 시절부터 동물에 대한 애정이 남달랐습니다. 반려동물과 함께하는 시간을 통해 그는 동물이 사람에게 주는 순수한 사랑과 위로를 깊이 느끼게 되었고, 특히 아르헨티나에서 반려동물과의 이동이 얼마나 어려운지 직접 경험하며 이들을 위한 도움의 필요성을 절감하게 되었습니다. 반려동물을 키우던 그는 자신의 반려동물이 아플 때 택시나 대중교통에서 거부당하는 상황을 자주 겪었고, 이에 대한 답답함을 느꼈습니다. 반려동물 응급 상황에서 이동 수단의 부재는 단순히 불편함을 넘어 생명에 직결되는 문제이기 때문에 그는 이 문제를 해결하기 위해 반려동물 전용 구급차를 직접 제작하게 되었습니다.

파르포르의 구급차는 매우 실용적이며 창의적인 방식으로 제작되었습니다. 그는 오토바이에 트레일러를 연결해 반려동물 전용 이송 수단을 만들었으며, 트레일러에는 마스코트 이미지를 새겨 넣고 경광등을 설치해 보호자들이 응급 상황임을 쉽게 알아볼 수 있도록 했습니다. 또한 큰 반려견까지 충분히 수용할 수 있는 공간을 마련하여 대부분의 반려동물이 편안하게 이용할 수 있도록 배려했습니다. 그는 단순히 구급차를 만드는 데 그치지 않고, 반려동물과 보호자들이 안심할 수 있도록 트레일러의 안전성에도 신경을 썼으며, 리어램프까지 설치해 안전한 운행을 보장하고 있습니다.

　이렇듯 그의 구급차는 단순한 이동 수단을 넘어 반려동물과 보호자를 위한 안전하고 믿을 수 있는 서비스로 자리 잡고 있습니다.

서비스의 뿌리 깊은 동물 사랑과 파르포르의 봉사 활동

파르포르의 반려동물 전용 구급차 서비스는 단순한 서비스가 아닌 동물에 대한 깊은 애정과 헌신에서 비롯된 것입니다. 그의 동물 사랑은 오래전부터 시작되었으며, 그는 한때 유기견을 위한 무료 급식소를 자비로 운영하기도 했습니다.

많은 유기견들이 배고픔에 시달리고 있는 상황을 보고 마음 아파하던 그는 무료 급식소를 운영하며 길 잃은 동물들에게 따뜻한 식사를 제공했습니다. 이 급식소는 그의 자비로 운영되었기 때문에, 자금 부족으로 결국 문을 닫게 되었지만 그의 동물에 대한 애정과 헌신은 멈추지 않았습니다.
　이후에도 그는 다리나 척추가 손상되어 걷지 못하는 반려견과 반려묘를 위한 보행기를 제작하는 봉사 활동을 이어가고 있습니다. 그는 장애가 있는 동물들이 자유롭게 걸을 수 있도록 맞춤형 보행기를 무료로 제공하고 있으며, 이러한 서비스는 그의 페이스북을 통해 홍보되고 있습니다. 그가 직접 손수 제작한 보행기는 장애를 가진 반려동물들의 삶의 질을 크게 향상시키고 있으며, 그의 페이스북에는 "반려동물을 위한 보행기가 필요하신 분은 연락만 주세요. 사랑하는 마음에서 무료로 제작해드립니다."라는 글이 올라와 있습니다. 파르포르는 자신의 봉사활동을 통해 단순히 동물들을 돕는 것을 넘어 사회에 긍정적인 변화를 일으키고 있습니다.

반려동물 구급차 서비스의 사회적 필요성과 파르포르의 목표

　파르포르의 반려동물 구급차 서비스는 아르헨티나 내에서 큰 반향을 일으키고 있습니다. 이는 단순히 동물을 이동시키는 수단을 제공하는 것이 아니라, 반려동물과 보호자에게 심리적 안정을 주며 긴급 상황에서 반려동물의 생명을 지키는 역할을 하고 있습니다. 응급 상황에서 반려동물을 신속하게 병원으로 이송할 수 있는 구급차는 반려동물 보호 문화의 발전에 크게 기여하며, 반려동물을 가족의 일원으로 인식하는 현대 사회에서 반드시 필요한 서비스로 자리 잡고 있습니다.

　파르포르는 이러한 서비스를 통해 많은 반려동물과 보호자들이 혜택을 누리길 바라고 있으며 장기적으로는 이 구급차 서비스가 아르헨티나 전국으로 확대되기를 희망하고 있습니다. 그는 자신의 봉사가 비록 무료로 제공되고 있지만, 그가 받는 보람과 만족감은 그 어떤 금전적 보상보다 크다고 이야기합니다. 그의 봉사와 헌신이 사회적으로 인정받고 지원받는다면 반려동물 구급차 서비스는 아르헨티나뿐만 아니라 전 세계적으로도 도입될 가능성이 있습니다.

파르포르의 봉사가 주는 의미와 전망

세바스티안 파르포르의 반려동물 구급차 서비스는 단순히 동물을 돕는 일을 넘어서서 동물 복지의 새로운 지평을 여는 역할을 하고 있습니다. 그의 헌신적인 봉사 활동은 단순한 구조 서비스를 넘어 반려동물 보호의 중요성을 사회적으로 인식시키고, 동물과 인간이 함께 공존하는 사회를 위한 모범 사례로 자리 잡고 있습니다. 파르포르는 반려동물의 존재가 사람들의 삶에 얼마나 큰 의미를 지니는지, 그리고 그들을 위한 봉사가 사람들에게 어떤 위안과 안정을 줄 수 있는지를 보여주고 있습니다.

또한, 그의 이야기는 개인의 작은 노력이 사회 전반에 긍정적인 영향을 미칠 수 있다는 점에서 중요한 메시지를 전달합니다. 반려동물 구급차 서비스는 민간 차원에서 시작되었지만, 이러한 서비스가 점차 확대되어 정부와 지역사회의 적극적인 지원을 받을 수 있다면, 더욱 많은 반려동물과 보호자들이 혜택을 볼 수 있을 것입니다. 이는 단순히 아르헨티나의 사례에 그치지 않고 전 세계적으로도 유사한 서비스가 확산될 가능성을 시사합니다. 파르포르와 같은 사람들의 노력과 헌신 덕분에 동물 보호와 복지에 대한 새로운 인식이 형성되고 있으며 이는 반려동물 보호를 위한 장기적인 변화로 이어질 수 있습니다.

그의 소망처럼 반려동물 구급차 서비스가 전국적으로 확대되고 더 많은 사람들이 뜻을 함께하여 동물 복지에 기여하게 된다면, 아르헨티나는 물론 전 세계적으로 반려동물을 위한 더욱 안전하고 행복한 환경이 조성될 것입니다.

반려동물 응급상황별 대처법과 주의사항

반려동물은 현대 가정에서 단순한 애완동물을 넘어 가족의 일원으로 여겨집니다. 이러한 반려동물이 갑작스러운 사고나 응급상황에 처하게 되면, 보호자는 당황하지 않고 신속하고 적절한 조치를 취할 수 있는 능력을 갖추는 것이 중요합니다. 미국수의사회(AVMA)는 반려동물이 일상에서 흔히 겪을 수 있는 응급상황을 총 13가지로 구분하고 있습니다.

이는 반려동물에게 발생할 수 있는 다양한 위기 상황을 미리 숙지하고 대처법을 알고 있어야 한다는 필요성을 시사합니다. 반려동물은 인간과 달리 언어로 아픔을 표현할 수 없으므로 보호자가 증상과 행동을 통해 신속하게 문제를 파악하고 적절한 대처를 해야 하며, 이렇게 얻어진 시간이 반려동물의 생존에 결정적인 영향을 미칠 수 있습니다.

응급처치는 그 자체로 반려동물의 상태를 완전히 회복시키지는 못하더라도, 병원에 도착하기 전까지 고통을 줄이고 생명을 지키는 중요한 역할을 합니다. 예를 들어, 출혈이 심한 상황에서는 신속한 지혈로 추가 출혈을 방지할 수 있고, 독성 물질을 섭취한 경우 응급처치로 독소의 흡수를 줄일 수 있습니다. 하지만, 응급처치 이후에는 반드시 병원에 방문하여 전문가의 진단과 치료를 받는 것이 중요합니다. 응급처치가 미리 준비된 보호자에게는 두려움을 줄이고, 반려동물의 생명을 구하는 중요한 첫걸음이 됩니다. 본 글에서는 반려동물들이 자주 겪는 7가지 응급 상황에 대해 손수정 아델동물병원 원장의 조언을 바탕으로 구체적인 응급처치법을 살펴봄으로써 보호자가 이런 상황에서 올바르게 대처할 수 있도록 돕고자 합니다.

찔림, 베임, 물림 같은 외상

반려동물이 외부 활동 중 찔림, 베임, 물림과 같은 외상을 입을 가능성은 매우 높습니다. 이때 보호자는 신속하게 상처 부위를 처리하여 감염을 방지하는 것이 중요합니다. 우선 상처 부위를 깨끗한 생리식염수, 소독약, 또는 깨끗한 물로 가볍게 닦아냅니다. 상처가 얕은 경우라면, 소독 후 상처가 공기에 노출되도록 하여 자연 치유를 유도할 수 있습니다.

그러나 상처가 깊어 내부 장기가 보일 정도라면 응급 상황으로 간주해야 하며 물에 적신 거즈나 수건을 상처 위에 덮어 추가적인 손상을 막아야 합니다. 이때 상처 부위에 넥칼라를 씌우는 것도 중요합니다. 반려동물이 본능적으로 상처를 핥거나 물어뜯어 감염이나 상처의 악화를 유발할 수 있기 때문입니다.

상처가 깊고 심한 경우에는 즉시 병원으로 이동해야 하며, 이때 반려동물을 최대한 움직이지 않도록 보호자가 주의해야 합니다. 깊은 상처는 감염과 출혈 위험이 높아 응급처치 후 신속한 병원 진료가 필요하며 외상을 당한 반려동물의 심리적 안정 또한 고려해야 합니다. 상처 부위에 대한 처치와 더불어 보호자가 차분히 반려동물을 안정시키고, 이동 시에도 반려동물의 상태를 지속적으로 관찰하는 것이 중요합니다.

피가 나는 경우: 출혈의 응급처치

출혈은 반려동물 응급 상황 중에서도 특히 신속한 처치가 필요한 위기 상황입니다. 피가 난다면 가장 먼저 해야 할 일은 지혈입니다. 몸통 부위의 출혈이 심할 경우 천이나 붕대를 사용하여 출혈 부위를 강하게 묶어 지혈할 수 있습니다.

그러나 다리나 팔에서 출혈이 발생했다면 혈행 장애로 인해 조직이 괴사할 수 있으므로 압력을 가할 때 탄력성 있는 붕대를 사용하는 것이 좋습니다. 이를 통해 출혈을 멈추면서도 혈류가 완전히 차단되지 않도록 합니다.

출혈이 심한 경우에는 응급처치 후 가능한 한 빨리 병원으로 이동하는 것이 필요합니다. 탄력 붕대를 사용하더라도, 오랜 시간 동안 출혈 부위를 묶어 놓는 것은 좋지 않기 때문에 보호자는 상황을 빠르게 판단하고 병원에서 보다 전문적인 지혈 조치를 받을 수 있도록 해야 합니다. 출혈이 심각할 경우 반려동물의 체내 혈액량이 급격히 줄어들어 생명에 위협이 될 수 있으므로, 지혈 후 반려동물의 상태를 지속적으로 관찰하며 보호자가 진정한 마음으로 응급처치를 진행해야 합니다.

높은 곳에서 낙상 또는 골절

반려동물이 높은 곳에서 낙상하거나 뼈가 골절되는 상황은 보호자에게 큰 충격과 당황을 유발할 수 있습니다. 이때 중요한 것은 반려동물을 안정된 상태로 유지하고 추가 손상을 방지하는 것입니다. 반려동물을 급히 안고 뛰거나 빠르게 이동하는 행동은 골절 부위의 손상을 악화시키고 심한 경우 뇌진탕을 유발할 수 있어 피해야 합니다.

대신, 보호자는 두꺼운 담요나 겉옷으로 반려동물을 조심스럽게 감싸 안정된 자세로 만들어야 합니다. 이후 바닥이 평평한 이동장에 넣어 병원으로 안전하게 이동하는 것이 좋습니다.

  골절은 뼈뿐만 아니라 인대, 근육, 심지어 장기에 손상을 초래할 수 있기 때문에 응급처치 후에도 병원에서 전문적인 진단과 치료가 필수적입니다. 이송 중에도 반려동물이 안정적으로 누워있도록 주의해야 하며, 필요할 경우 반려동물에게 진정감을 줄 수 있도록 보호자가 차분한 목소리로 안심시키는 것이 중요합니다. 반려동물의 상태를 관찰하고 골절된 부위에 추가 압박이 가해지지 않도록 주의해야 하며, 골절로 인한 통증이 심각할 수 있으므로 보호자는 부드럽게 반려동물을 다루는 것이 필수입니다.

구토 및 설사 지속

반려동물이 하루에 두 번 이상 구토나 설사를 반복할 경우, 소화기 문제나 감염의 징후일 수 있습니다. 이때 중요한 것은 일단 음식을 포함한 모든 급여를 중지하고, 반려동물이 휴식을 취할 수 있도록 하는 것입니다. 구토와 설사는 반려동물의 체액 손실을 초래해 탈수로 이어질 수 있기 때문에 충분한 휴식이 필요합니다.

그러나 어린 반려동물이나 노령 반려동물의 경우, 장시간 금식을 유지하는 것은 건강에 악영향을 줄 수 있습니다. 이러한 경우 증상이 호전되지 않으면 즉시 병원을 방문해야 합니다. 구토와 설사는 다양한 원인에 의해 발생할 수 있으며, 정확한 원인을 파악하기 위해서는 전문가의 진단이 필수적입니다. 보호자는 구토 및 설사의 빈도, 형태, 색상 등을 주의 깊게 관찰하여 의사에게 전달하는 것이 좋습니다. 구토와 설사 증상이 나타날 경우 물도 일정 시간 동안 급여를 중지하는 것이 좋습니다.

그러나 지나친 금식은 반려동물의 건강에 영향을 줄 수 있으므로 보호자가 신중히 증상을 관리하고 병원 진료를 고려해야 합니다.

열사병 또는 고온 스트레스

여름철이나 고온 환경에서 반려동물은 쉽게 열사병에 걸릴 수 있습니다. 열사병에 걸린 반려동물은 심한 갈증, 고온으로 인한 체온 상승, 숨가쁨, 쇠약 등의 증상을 보입니다. 이러한 상황에서 보호자는 즉시 반려동물을 그늘진 곳이나 시원한 실내로 옮기고 물을 마시게 하여 수분을 보충하는 것이 중요합니다. 젖은 수건을 반려동물의 목 주변에 감싸 체온을 낮추는 것도 도움이 됩니다.

열사병은 반려동물의 신체에 심각한 손상을 줄 수 있으므로 응급조치 이후 병원에서 검사를 받는 것이 필수적입니다. 열사병은 고온 환경에 노출되었을 때 체온 조절이 원활하지 않아 발생하는 질환으로, 심할 경우 생명을 위협할 수 있습니다. 특히 단두종(코가 짧은 종) 반려동물은 체온 조절이 어려워 더 쉽게 열사병에 걸릴 수 있습니다.

보호자는 여름철 산책이나 외출 시 반려동물이 뜨거운 날씨에 과도하게 노출되지 않도록 주의해야 하며, 물을 항상 준비해 두고 시원한 그늘에서 휴식을 취하도록 도와야 합니다. 또한, 차량 내부에 반려동물을 잠시라도 방치하는 것은 매우 위험합니다. 차량 내부는 외부 온도보다 빠르게 뜨거워지기 때문에 열사병 위험이 높아집니다. 열사병의 조기 증상을 인지하고 신속하게 대처하는 것은 반려동물의 건강을 지키는 데 필수적입니다.

독성 물질 섭취

반려동물이 독성 물질을 섭취하는 상황은 자주 발생할 수 있으며, 이는 매우 위험한 응급 상황입니다. 반려동물이 흔히 섭취할 수 있는 독성 물질로는 부동액, 자일리톨, 초콜릿 등이 있으며, 이러한 물질은 체내에 흡수되었을 때 생명을 위협할 수 있는 중독 증상을 일으킵니다.

독성 물질을 섭취했을 때는 신속히 구토를 유도하는 것이 도움이 되지만, 이 또한 모든 경우에 적용할 수 있는 것은 아닙니다. 예를 들어, 특정 물질은 구토 유도가 오히려 더 해로울 수 있으며, 이러한 상황에서는 섭취한 물질의 종류와 양을 확인하여 적절한 조치를 취하는 것이 중요합니다.

 독성 물질을 섭취한 경우, 보호자는 즉시 동물병원으로 이동하는 것이 가장 안전한 대처법입니다. 병원에서는 반려동물의 체내 독소 제거를 위한 전문적인 처치가 이루어질 수 있으며, 보호자는 반려동물이 독성 물질을 섭취한 상황을 명확하게 전달해야 합니다. 예방을 위해 반려동물의 손이 닿지 않는 곳에 독성 물질을 보관하고, 특히 집안에 자주 사용하는 화학 제품이나 식품에 대해 반려동물이 접근하지 못하도록 철저히 관리하는 것이 중요합니다. 독성 물질 중독은 초기 대처가 생존 가능성을 크게 좌우하기 때문에 보호자의 주의와 신속한 대처가 필수적입니다.

호흡이나 맥박이 없을 때의 심폐소생술

반려동물이 호흡이나 맥박이 없는 상태에 처할 경우, 보호자는 심폐소생술(CPR)을 실시하여 생명을 지킬 수 있는 기회를 제공합니다. 이는 매우 긴급한 응급 상황으로, 보호자가 미리 CPR 기술을 숙지해 두는 것이 중요합니다. 반려동물을 왼쪽으로 눕힌 상태에서 입을 벌리고 혀를 꺼내 기도를 확보한 뒤, 가슴 부위에 양손을 포개어 압박을 시작합니다. 가슴 압박의 위치는 반려동물의 앞 발꿈치가 닿는 지점의 가슴 부위이며, 이곳을 위아래로 리듬감 있게 압박합니다. 작은 반려동물의 경우, 한 손으로 압박을 해도 충분한 효과가 있을 수 있습니다.

가슴 압박을 30회 시행한 후, 반려동물의 입을 감싸고 코와 입에 바람을 2회 불어넣어 인공호흡을 합니다. 이러한 과정을 호흡이나 맥박이 돌아올 때까지 반복하며, 이후에도 상태가 안정적이지 않다면 즉시 병원으로 이동해야 합니다.

교통사고와 같이 내부 장기 손상의 가능성이 있는 경우에는 인공호흡이 오히려 위험할 수 있으므로, 가능한 한 빨리 전문적인 의료진에게 인계하는 것이 바람직합니다.

반려동물 CPR은 보호자가 평소에 숙지하고 연습해 둬야 하는 응급 대처법으로, 신속한 대처가 반려동물의 생명을 구하는 데 중요한 역할을 합니다.

반려동물 응급처치의 필요성과 보호자의 역할

 반려동물과 함께 생활하는 보호자는 예상치 못한 응급 상황에 대비해 기본적인 응급처치법을 숙지하고 있어야 합니다. 응급처치는 반려동물이 고통을 겪을 때 보호자가 할 수 있는 첫 번째 조치이며, 이는 반려동물의 생존 가능성을 높이는 중요한 역할을 합니다.
 미국수의사회(AVMA)가 정리한 응급 상황별 대처법은 보호자가 반려동물의 응급 상황에서 올바른 결정을 내리는 데 도움이 되며, 이는 반려동물과 보호자 간의 신뢰와 유대감을 강화하는 데도 기여할 수 있습니다.
응급처치는 일시적인 조치일 뿐, 병원에서 전문적인 진료를 받는 것이 반드시 필요합니다. 모든 응급 상황이 생명을 위협하는 것은 아니지만, 빠르게 병원을 방문하여 전문적인 도움을 받는 것이 반려동물의 상태 악화를 예방할 수 있습니다.

반려동물 보유세 도입의 필요성과 준비

반려동물 문화가 급격히 확산되면서 우리 사회는 다양한 반려동물 관련 문제에 직면하고 있습니다. 유기동물 문제, 반려동물 보호 및 복지, 사회적 비용 증가 등은 이제 단순히 반려동물 보호자의 개인적인 책임을 넘어 사회적인 문제로 자리 잡고 있습니다. 이러한 문제를 해결하기 위한 방안 중 하나로 반려동물 보유세 도입이 논의되고 있습니다. 반려동물 보유세는 반려동물 보호와 관리에 필요한 재정을 확보하고, 유기동물 문제를 해결하며, 성숙한 반려동물 문화를 조성하는 데 도움을 줄 수 있을 것으로 기대됩니다. 하지만 보유세 도입을 위해서는 신중한 접근이 필요합니다.

현재 반려동물 등록제도조차 제대로 정착되지 않은 상황에서 세금을 부과하는 것은 형평성 문제와 국민의 반발을 불러일으킬 수 있습니다. 따라서 반려동물 보유세 도입에 앞서 철저한 조사와 계획 수립이 우선되어야 하며, 반려동물 문화를 이해하고 이에 맞는 정책적 접근이 필요합니다. 본 글에서는 반려동물 보유세 도입의 필요성과 문제점, 구체적인 해결 방안, 그리고 향후 방향에 대해 논의합니다.

현재 문제점과 도전 과제

반려동물 보유세 도입을 둘러싸고 현재 몇 가지 문제점이 제기되고 있습니다.

첫째, 반려동물 등록제가 아직 원활히 운영되지 않고 있습니다. 반려동물 등록제는 반려동물의 신원을 관리하고 유기동물을 줄이기 위한 첫걸음입니다. 하지만, 등록률이 낮고, 일부 보호자들은 등록을 회피하는 경향이 있어 실제 반려동물의 수와 등록된 수 사이에 큰 차이가 있습니다. 등록제가 제대로 정착되지 않은 상태에서 보유세를 도입하면 세금 징수의 형평성이 떨어질 우려가 있습니다.

둘째, 보유세를 도입할 경우 반려인들에게 거부감을 줄 가능성이 큽니다. 보호자들은 반려동물을 가족으로 여기는 경우가 많아, 갑작스러운 세금 부과는 부담이 될 수 있습니다. 또한, 세금이 어떻게 사용될지에 대한 명확한 계획이 없다면 보호자들의 반발은 더욱 거세질 수 있습니다.

셋째, 해외의 사례를 단순히 도입하는 것이 아니라, 우리나라 반려문화에 맞는 제도를 마련해야 한다는 문제도 있습니다.

해외에서는 반려동물 보유세가 이미 도입된 나라가 많지만, 각국의 문화와 법률 체계가 다르기 때문에 우리나라에 맞는 새로운 접근이 필요합니다. 이를 위해 전문가들은 우리나라 반려동물 문화와 정서에 맞는 정책적 접근이 필요하다고 강조하고 있습니다.

구체적인 문제 해결 방안

반려동물 보유세의 도입을 위해 다음과 같은 구체적인 문제 해결 방안을 마련해야 합니다.

1. 반려동물 등록제의 강화와 실효성 있는 시행 필요
반려동물 등록제는 모든 반려동물을 등록하여 정부가 관리할 수 있도록 하는 중요한 제도입니다. 이를 통해 반려동물의 수와 종류를 정확히 파악할 수 있으며 유기 동물 문제 해결에도 도움이 됩니다. 현재 등록제의 낮은 참여율을 개선하기 위해 보호자들에게 등록 혜택을 제공하거나, 등록하지 않을 경우 페널티를 부과하는 등의 방안을 고려할 수 있습니다. 또한, 반려동물의 등록 정보를 바탕으로 보유세를 부과할 경우 세금 징수의 형평성을 높일 수 있습니다.

2. 보유세 사용 계획의 투명성

반려동물 보유세는 반려동물 복지와 유기 동물 문제 해결을 위한 재원으로 사용될 예정입니다. 보호자들이 납부한 세금이 반려동물의 복지 향상에 어떻게 기여할 수 있는지 명확하게 제시해야 하며, 이를 위해 예산 계획을 투명하게 공개하고, 재정이 정확히 어떻게 사용될지 설명하는 노력이 필요합니다. 예산 사용 계획을 투명하게 공개함으로써 보호자들의 신뢰를 얻고 세금에 대한 거부감을 줄일 수 있습니다.

3. 반려동물 보유세 도입에 따른 캠페인과 교육 프로그램

반려동물 보유세는 단순히 세금을 징수하는 것이 목적이 아니라, 반려동물 문화를 발전시키고 유기 동물 문제를 해결하는 데 기여해야 합니다. 이를 위해 보호자들에게 반려동물에 대한 책임과 의무를 강조하는 캠페인과 교육 프로그램을 운영하여 반려동물과의 관계를 더욱 긍정적으로 형성할 수 있도록 돕는 것이 필요합니다. 예를 들어, 반려동물의 복지 향상과 유기 동물 보호를 위한 캠페인, 보호자를 대상으로 한 반려동물 관련 교육을 강화하는 것도 좋은 방법입니다.

4. 반려동물 소유자의 자격 심사 제도를 강화하여 반려동물을 키우는 데 적합한 보호자들만이 반려동물을 입양하거나 소유할 수 있도록 해야 합니다.

이를 통해 무책임한 입양이나 반려동물 유기를 줄일 수 있으며, 성숙한 반려동물 문화를 형성할 수 있습니다. 보호자에게 반려동물에 대한 교육과 책임 의식을 강화하는 것은 보유세 도입과 함께 반려동물 문화의 개선을 위한 중요한 요소입니다.

향후 방향과 기대효과

반려동물 보유세 도입이 성공적으로 이루어지기 위해서는 지속적인 정책적 개선과 사회적 인식 변화가 필요합니다.

1. 보유세 도입과 함께 반려동물 보호와 복지에 대한 인식을 제고하는 캠페인을 통해 보호자들에게 긍정적인 인식을 심어주어야 합니다.

 세금을 내는 것이 단순히 부담이 아닌, 반려동물의 복지와 유기 동물 문제 해결에 기여하는 일이라는 점을 강조함으로써 보호자들이 세금 납부에 대한 동의를 얻을 수 있습니다.

2. 반려동물 보유세의 일부를 유기동물 보호소와 구조 활동에 직접적으로 투자하여 사회적 책임을 다하는 모습을 보여줄 필요가 있습니다.

  이를 통해 세금의 사용처에 대한 보호자들의 불신을 줄이고, 반려동물 복지와 보호에 대한 긍정적인 변화가 이루어질 수 있습니다. 또한, 반려동물 보호소의 시설 개선, 유기동물 치료비 지원, 동물 복지 프로그램 운영 등 다양한 형태의 지원을 통해 반려동물 보유세의 실질적 효과를 보여줄 수 있습니다.

  반려동물 보유세 도입이 결국 반려동물 문화를 더욱 성숙하게 발전시키는 역할을 하도록 해야 합니다. 이를 위해 반려동물 보호자에게 교육과 지원을 제공하는 것은 필수적이며, 반려동물 관련 법규를 강화하여 보호자들의 책임을 명확히 하고, 불법적인 유기 행위에 대한 처벌을 강화하는 것도 중요합니다. 이를 통해 반려동물 보유세는 단순히 재정적 기여를 넘어서, 반려동물 문화를 성숙시키는 사회적 장치로서 기능할 수 있습니다.

반려동물 보유세는 반려동물 복지와 유기 동물 문제 해결을 위한 중요한 제도로 기대되고 있습니다. 그러나 단순히 세금을 부과하는 것이 아니라, 반려동물 등록제의 강화, 세금의 투명한 사용 계획, 보호자들을 위한 교육과 캠페인, 반려동물 소유자의 자격 심사 제도 등이 함께 이루어져야만 성공적으로 도입될 수 있습니다. 반려동물 보유세는 보호자들에게 책임과 의무를 다하게 하는 동시에, 반려동물과 함께 하는 문화의 성숙한 발전을 위한 밑거름이 될 수 있습니다.

이러한 노력이 뒷받침될 때 반려동물 보유세는 단순한 세금이 아닌 반려동물과 사람이 함께 조화롭게 살아가는 사회를 만들기 위한 중요한 사회적 장치로 자리 잡을 것입니다. 반려동물과 보호자가 함께 행복하고 안전하게 살아갈 수 있는 환경을 조성하기 위해 우리 사회가 함께 고민하고 해결책을 모색하는 것이 필요합니다.

참고문헌

• "Assembly Bill 2152: Pet Rescue and Adoption Act." California Legislative Information, California State Legislature, 2021.

• "Assembly Bill A4283: Prohibition on the Sale of Dogs, Cats, and Rabbits in Pet Stores." New York State Assembly, New York State Legislature, 2021.

• "Elephant Protection Act." New York State Assembly, New York State Legislature, 2017.

• McKenna, Megan. "California Pet Store Ban Puts Spotlight on Puppy Mills." The Humane Society of the United States, January 2021.

• "New York Bans Elephants from Entertainment." American Society for the Prevention of Cruelty to Animals (ASPCA), November 2017.

• Bundesministerium der Justiz und für Verbraucherschutz. (1972). Tierschutzgesetz (TierSchG). https://www.gesetze-im-internet.de/tierschg/

• Grundgesetz für die Bundesrepublik Deutschland. (1949). Art. 20a. https://www.gesetze-im-internet.de/gg/art_20a.html

- Code civil des Français, Article 528)

Doré, J. (2014). "La condition animale en France: évolution des mentalités et du droit." Revue Juridique, 45(2), 123-135.

Assemblée nationale. (2015). "Loi n°2015-177 du 16 février 2015 relative à la modernisation et à la simplification du droit." Journal Officiel, 39, 2977.

Smith, L. (2015). "Animal Rights Movements and Legal Reforms in France." European Animal Law Review, 7(1), 50-68.

Dupont, M. (2016). "Impact of Legal Changes on Animal Welfare in France." Journal of Animal Ethics, 9(3), 200-215.

- Swiss Federal Constitution. (1999). Federal Authorities of the Swiss Confederation. https://www.admin.ch/opc/en/classified-compilation/19995395/index.html

Federal Act on Animal Protection (Animal Welfare Act, TSchG). (2005). Federal Food Safety and Veterinary Office. https://www.blv.admin.ch/blv/en/home/tiere/rechts-und-vollzugsgrundlagen/gesetzgebung.html

Animal Welfare Ordinance (TSchV). (2008). Federal Food Safety and Veterinary Office. https://www.blv.admin.ch/blv/en/home/tiere/rechts-und-vollzugsgrundlagen/gesetzgebung.html

Broom, D. M. (2017). Animal Welfare in the European Union. European Parliament's Committee on Petitions. https://www.europarl.europa.eu/thinktank/en/document.html?reference=IPOL_STU(2017)583114

Australian Government. (1999). Environment Protection and Biodiversity Conservation Act 1999. Retrieved from https://www.legislation.gov.au/Details/C2019C00275

Department of Transport and Main Roads Queensland. (2020). Wildlife hazard management. Retrieved from https://www.tmr.qld.gov.au/Safety/Driver-guide/Driver-distraction-and-inattention/Wildlife-hazard-management

NSW Government. (2022). Koala SEPP 2021. Retrieved from https://www.planning.nsw.gov.au/Policy-and-Legislation/Environmental-Planning-and-Assessment-Act-updates/Koala-Habitat-Protection-SEPP

Department of Biodiversity, Conservation and Attractions Western Australia. (2021). Western Shield Fauna Recovery Program. Retrieved from https://www.dbca.wa.gov.au/management/programs/western-shield

WWF Australia. (2023). Wildlife and Habitat. Retrieved from https://www.wwf.org.au/what-we-do/wildlife-and-habitat

CITES. (2023). Australia. Retrieved from https://cites.org/eng/parties/country-profiles/au

Bekoff, M. (2007). The Emotional Lives of Animals. New World Library.

Singer, P. (1975). Animal Liberation. New York: HarperCollins.

Franklin, A. (1999). Animals and Modern Cultures: A Sociology of Human-Animal Relations in Modernity. SAGE Publications.

Animal Justice. (n.d.). About Us. Retrieved from https://animaljustice.ca/about

Humane Canada. (n.d.). Our Work. Retrieved from https://www.humanecanada.ca/our-work

McDonald, S. E. et al. (2015). Community campaigns against animal cruelty: Mobilizing for change. Journal of Community Practice, 23(2), 236-255.

Gouvernement du Québec. (2015). An Act to Improve the Legal Situation of Animals. Retrieved from http://www.assnat.qc.ca/en/travaux-parlementaires/projets-loi/projet-loi-54-41-1.html

Government of Canada. (2019). Bill C-84: An Act to amend the Criminal Code (bestiality and animal fighting). Retrieved from https://www.parl.ca/DocumentViewer/en/42-1/bill/C-84/royal-assent

Animal Justice. (2019). Victory for Animals as Bill C-84 Passes. Retrieved from https://animaljustice.ca/blog/victory-for-animals-as-bill-c-84-passes

Taylor, N., & Signal, T. (2011). Educating for empathy and compassion: "Animal ambassadors" and the teaching of empathy to children. Kindness to animals and caring for pets, 68-84.

World Animal Protection. (n.d.). World Animal Day in Canada. Retrieved from https://www.worldanimalprotection.ca/world-animal-day

Leaping Bunny Program. (n.d.). Cruelty-Free Companies. Retrieved from https://www.leapingbunny.org/

Animal Welfare Amendment Act 2015. New Zealand Legislation. Retrieved from https://www.legislation.govt.nz/act/public/2015/0049/latest/whole.html

Ministry for Primary Industries. (2015). Animal Welfare in New Zealand. Retrieved from https://www.mpi.govt.nz/protection-and-response/animal-welfare/

Ministry for Primary Industries. (2018). Code of Welfare: Pigs. Retrieved from https://www.mpi.govt.nz/dmsdocument/14477

New Zealand Government. (2021). Live Animal Exports to Cease. Retrieved from https://www.beehive.govt.nz/release/live-animal-exports-cease

Federated Farmers of New Zealand. (2020). Animal Welfare. Retrieved from https://www.fedfarm.org.nz/FFPublic/Policy2/Animal_Welfare.aspx

World Animal Protection. (2016). New Zealand Recognises Animals as Sentient Beings. Retrieved from https://www.worldanimalprotection.org.nz/news/new-zealand-recognises-animals-sentient-beings

"Animal Welfare Act 2006." Legislation.gov.uk. Accessed September 22, 2024. https://www.legislation.gov.uk/ukpga/2006/45/contents.

Abraham, Marc. "Lucy's Law: The Story of a Little Dog Who Changed the World." Mirror Books, 2019.

Royal Society for the Prevention of Cruelty to Animals (RSPCA). "Improving Animal Welfare in the UK." Accessed September 22, 2024. https://www.rspca.org.uk/whatwedo/endcruelty/improvingwelfare.

Srinivasan, Krithika. "The biopolitics of animal being and welfare: dog control and care in the UK and India." Transactions of the Institute of British Geographers 38.1 (2013): 106-119.

Mathur, Kajal. "Animal Rights Movements in India: Legal Challenges and Prospects." Indian Journal of Legal Studies, 2019.

Jain, Maneka Gandhi. "People for Animals: History and Activities." Journal of Animal Welfare Law, 2015.

김영한, "생명 존중 교육의 이론과 실제", 서울: 학지사, 2018.

박준성, "청소년 교육 프로그램 개발", 교육학 연구, 제34권 3호, pp. 1-23, 2020.

이소영, "성인 교육의 실제", 서울: 대한교육협회, 2019.최은영, "다양한 매체를 활용한 생명 존중 교육 방법", 교육심리학회지, 제12권 1호, pp. 45-67, 2021.

김민수, "반려동물 관리학 개론", 서울대학교 출판부, 2023.

이지은, "학교에서의 동물복지 교육의 중요성", 동물복지학회지, 제12권, 제3호, pp. 15-23, 2024.

박준호, "반려동물과 인간의 상호작용 연구", 한국동물행동학회, 2023.

Anderson, L., et al. (2019). "Experiential Learning: A Comprehensive Overview." Journal of Educational Psychology, 111(3), 204-222.

Brown, T. & Green, A. (2021). "The Impact of Gardening Projects in Schools: An Ecological Perspective." Environmental Education Research, 27(2), 300-318.

Kim, H. (2022). "Animal Welfare Education in Schools: Approaches and Impacts." Journal of Applied Animal Welfare Science, 25(1), 56-74.

Lee, S. (2023). "Project-Based Learning in Environmental Science Education." Science Education Monthly, 35(4), 45-67.

Park, J. (2024). "The Future of Life Respect Education." Advances in Educational Research, 38(1), 89-102.

Smith, J. & Jones, M. (2020). "Respecting Life: The Cornerstone of Ethics in Education." Journal of Moral Education, 49(1), 10-29.

Regan, T. (2004). The Case for Animal Rights. University of California Press.

Singer, P. (2009). Animal Liberation: The Definitive Classic of the Animal Movement. HarperCollins.

Bekoff, M. (2013). Why Dogs Hump and Bees Get Depressed: The Fascinating Science of Animal Intelligence, Emotions, Friendship, and Conservation. New World Library.

Francione, G. L. (2008). Animals as Persons: Essays on the Abolition of Animal Exploitation. Columbia University Press.

Rollin, B. E. (2006). Animal Rights & Human Morality. Prometheus Books.

Kim, J.H., & Lee, S.Y. (2020). "Legal aspects of pet euthanasia: An international perspective." Journal of Animal Law and Ethics, 35(2), 112-134.

Park, M.K. (2021). "Animal welfare and law: A comparative study." Global Journal of Animal Law, 19(1), 45-67.

Choi, E.G. (2019). "The ethics of pet euthanasia and cultural perspectives." Korean Journal of Veterinary Research, 58(3), 201-210.

European Commission. (2022). "EU policies on animal welfare and implications for euthanasia." Retrieved from [EU Commission website].

Johnson, A. (2023). "State-by-state analysis of pet euthanasia laws in the USA." American Journal of Comparative Law, 47(4), 317-342.

Emanuel, E.J., Onwuteaka-Philipsen, B.D., Urwin, J.W., & Cohen, J. (2016). Attitudes and Practices of Euthanasia and Physician-Assisted Suicide in the United States, Canada, and Europe. The Journal of the American Medical Association, 316(1), 79-90. DOI: 10.1001/jama.2016.8499.

Van der Heide, A., Deliens, L., Faisst, K., Nilstun, T., Norup, M., Paci, E., ... & van der Wal, G. (2003). End-of-life decision-making in six European countries: descriptive study. The Lancet, 362(9381), 345-350. DOI: 10.1016/S0140-6736(03)14019-6.

Young, R. (2017). Medically assisted death: An ethical exploration. Ethics & Medicine, 33(3), 173-183. Available at [Link to Journal's Homepage].

Beauchamp, T.L., & Childress, J.F. (2019). Principles of Biomedical Ethics (8th ed.). Oxford University Press. ISBN: 978-0190640873.

Smith, F. A., & Jones, P. E. (2018). Understanding and Managing Pain in Pets. Journal of Veterinary Medicine, 112(4), 312-326.

Lee, C. H., Kim, S. J., & Park, J. H. (2020). Advances in Diagnostic Techniques for Companion Animals. Veterinary Science Today, 5(1), 45-59.

Brown, T. K., & Davis, G. R. (2017). Chronic Illness in Dogs and Cats: Management Strategies. Pet Health Journal, 14(2), 202-215.

Foster, A. J., & Liu, H. (2019). Effective Pain Management in Veterinary Practice. Animal Welfare, 24(3), 158-174.

Patel, R. N., & Thompson, L. (2021). Veterinary Pain Management: A Comprehensive Review. Journal of Animal Health, 29(1), 10-23.

Hart, L. A., & Hart, B. L. (2018). Companion Animal Hospice: Caring for Your Pet's End-of-Life Needs. Journal of Palliative Medicine, 21(6), 777-784.

James, H., O'Neill, D. G., Church, D. B., Brodbelt, D. C., & McGreevy, P. D. (2016). Longitudinal Analysis of the Impact of Hospice Care on Quality of Life in Pets and Owners.
Veterinary Record, 179(15), 382-389.

Smith, M. C., & Gavriel, R. (2020). Implementing a Pet Hospice Program: Challenges and Solutions. Journal of Veterinary Internal Medicine, 34(2), 572-578.

Adams, C. L., Bonnett, B. N., & Meek, A. H. (2000). Predictors of companion animal attachment among veterinary clients. Anthrozoös, 13(2), 63-72.

Archer, J., & Winchester, G. (1994). Bereavement following death of a pet. British Journal of Psychology, 85(2), 259-271.

Field, N. P., Orsini, L., Gavish, R., & Packman, W. (2009). Role of attachment in response to pet loss. Death Studies, 33(4), 334-355.

Kurdek, L. A. (2009). Pet dogs as attachment figures. Journal of Social and Personal Relationships, 26(2-3), 261-279.

Packman, W., Carmack, B. J., & Ronen, R. (2011). Therapeutic implications of continuing bonds expressions following the death of a pet. Professional Psychology: Research and Practice, 42(4), 410-417.

Barnard, N. D., & Kaufman, S. R. (2018). "Ethics in animal
euthanasia: Legal and societal perspectives." Journal of Animal Welfare, 27(4), 345-359.

Case, A. M., & McPeters, M. (2020). "Disposal of animal remains: Environmental and ethical considerations." Environmental Management Journal, 15(2), 112-125.

Kogan, L. R., & Littlefield, M. (2019). "Emotional and psychological impact of animal euthanasia on pet owners and veterinarians." Veterinary Ethics Journal, 22(3), 203-220.

Wright, J., & Bailey, M. (2019). "Legislative frameworks for animal euthanasia and aftercare practices." Law and Society Review, 53(2), 345-372.

송재현, 한수정 (2021). "동물 사체 처리와 환경 규제 현황." 한국환경학회지, 30(6), 223-232.

윤석진, 김미연 (2022). "동물 안락사와 그 이후의 윤리적 고찰." 한국동물윤리연구, 18(1), 89-106.

홍길동. (2023). "반려동물의 안락사와 사후 관리에 대한 연구." 한국동물복지학회지, 12(3), 87-103.

김철수. (2022). "안락사 후 반려동물 주인의 심리적 지원 방법에 관한 고찰." 반려동물학연구, 9(2), 45-62.

이지영. (2021). "반려동물의 사후 관리와 추모문화의 발전 가능성." 반려동물문화연구, 7(1), 33-50.

박민수. (2020). "반려동물의 안락사와 인간-동물 관계에 대한 심리적 영향." 인간동물연구, 5(4), 101-117.

최윤정, 김영희. (2019). "반려동물의 장례문화와 사회적 의미." 한국문화연구, 14(1), 89-105.

최, H., 김, J., & 이, S. (2020). 반려동물 유기율 감소에 미치는 교육 프로그램의 영향. 동물 복지와 윤리 학회지, 15(3), 45-59.

김, Y., & 박, H. (2021). 반려동물 관리 교육의 격차 평가: 비교 연구. 수의학 교육 학술지, 27(2), 78-92.

이, M. (2022). 한국에서의 반려동물 소유에 대한 문화적 인식과 복지에 미치는 영향. 국제 동물 복지 연구 학술지, 8(1), 24-37.

오, K., 신, Y., & 최, R. (2021). 동물 보호소의 교육 이니셔티브와 입양률에 미치는 효과. 동물 연구 학술지, 11(4), 109-120.

Singer, P. (2011). Animal Liberation. New York: Harper Perennial.

Regan, T. (2004). The Case for Animal Rights. University of California Press.

Francione, G. L. (2000). Introduction to Animal Rights: Your Child or the Dog? Temple University Press.

Rollin, B. E. (2006). Animal Rights & Human Morality. Prometheus Books.

Sandøe, P., & Christiansen, S. B. (2008). Ethics of Animal Use. Blackwell Publishing.

Anderson, M., & Clark, J. (2023). Artificial Intelligence in Wildlife Monitoring: Current Applications and Future Potential. Journal of Animal Studies, 48(2), 156-169.

Brown, R. (2024). Blockchain Technology for Animal Protection: Innovations and Challenges. Animal Welfare Review, 12(4), 312-328.

Chen, L., & Hart, S. (2022). Virtual Reality in Animal Welfare Education: A Tool for Empathy Development. Educational Psychology and Animal Welfare Journal, 6(3), 97-115.

Diaz, P., & Turner, A. (2023). The Role of Genetic Engineering in Animal Health and Conservation. Advances in Bioethics, 34(5), 223-245.

Evers, K. (2023). Autonomous Drones for Wildlife Surveillance: Enhancing Conservation through Technology. Conservation Technology Journal, 20(1), 44-59.

Fitzgerald, J., & Gray, N. (2023). Smart Cities and Animal Welfare: Integrating Technology for Safer Urban Environments. Urban Studies Journal, 41(6), 501-522.

Hudson, A., & Patel, R. (2024). Virtual Adoptions and the Global Impact on Endangered Species Rehabilitation. Global Animal Studies, 19(4), 320-339.

Kumar, S., & Ross, L. (2023). Toward an International Legal Framework for Animal Rights. Journal of Global Policy Studies, 11(2), 147-161.

Lee, H., & Rivera, D. (2023). Predictive Analytics in Animal Conservation: Proactive Approaches to Species Protection. Data Science in Conservation, 27(3), 196-215.

Zhang, Y., & Thomas, P. (2023). Digital Identification Systems for Endangered Species: Challenges and Opportunities. Wildlife Conservation Journal, 18(2), 85-101.

T. Smith et al., "Machine Learning Approaches to Behavioral Analysis of Dogs," Journal of Animal Science and Technology, vol. 58, no. 7, pp. 29-35, 2023.

J. Doe, "Artificial Intelligence in Pet Care: A New Frontier," Pet Innovation, Issue 12, 2024.

R. Brown, "Utilizing AI to Monitor and Manage Pet Health," Veterinary World, vol. 5, no. 3, pp. 202-210, 2023.

Jin, K., & Wang, Y. (2023). "Artificial Intelligence in Animal Welfare." Journal of Emerging Technologies in Society.

Smith, A., et al. (2022). "Optimizing Animal Shelters with AI-based Allocation Systems." International Journal of Animal Welfare Research.

Kim, J., & Park, S. (2021). "The Role of AI in Rapid Animal Rescue and Shelter Assignment." Asian Journal of Humane Societies.

참고문헌 - 부록

The Guardian. (2023, January 8). Pet ambulance service on standby as 4.7 million households adopt new pets in the UK. Retrieved from https://www.theguardian.com/

Animals at Home. (n.d.). About us. Animals at Home. Retrieved from https://www.animalsathome.co.uk/

UK Government. (2014). Care Act 2014. Retrieved from https://www.legislation.gov.uk/ukpga/2014/23/contents/enacted

Scherer, K. (2021). "Pandemic pets: How COVID-19 has changed pet ownership." Journal of Animal and Environmental Studies, 15(2), 25-40.

Sharpe, R. (2022). "The emerging need for pet emergency services in urban areas." British Journal of Animal Welfare, 30(4), 211-223.

Macmillan, J. & Owens, P. (2023). "Advancing pet welfare: Integrating veterinary and emergency services for companion animals." Veterinary Care Innovations, 11(1), 45-57.